KB070456

기업시민,
미래경영의
길이 되다

**문명사적 대전환기,
ESG 시대를 앞서가는
기업시민 스토리**

나남신서 2098

기업시민,
미래경영의 길이 되다

문명사적 대전환기,
ESG 시대를 앞서가는 기업시민 스토리

2021년 11월 30일 발행
2023년 2월 25일 5쇄

지은이   곽수근 · 유규창 · 송호근 · 문형구 외
발행자   趙相浩
발행처   (주) 나남
주소   10881 경기도 파주시 회동길 193
전화   (031) 955-4601(代)
FAX   (031) 955-4555
등록   제 1-71호(1979.5.12)
홈페이지 http://www.nanam.net
전자우편 post@nanam.net

ISBN 978-89-300-4113-3
ISBN 978-89-300-8001-9 (세트)

책값은 뒤표지에 있습니다.

나남신서 2098

기업시민, 미래경영의 길이 되다

**문명사적 대전환기,
ESG 시대를 앞서가는
기업시민 스토리**

곽수근 · 유규창 · 송호근 · 문형구 외 지음

영속기업으로 가는 길, 기업시민경영

정운찬_동반성장연구소 이사장 · 제 23대 서울대 총장 · 제 40대 국무총리

세계적으로 기업의 평균 수명은 단 13년에 불과하고 30년이 지나면 80%의 기업이 사라진다. 그러나 100년 이상 된 초일류 장수기업들은 수많은 위기를 겪으면서도 끊임없이 성장 동력을 발굴하고 사업 다각화를 통해 지속적 발전을 추구한다. 이처럼 지속가능한 탁월성 sustainable excellence 이야말로 우리 기업이 지향해야 할 궁극적 가치다.

기업이 경제적 이익을 추구하는 데 비해 사회적 기여는 제대로 하지 못한다는 사회 저변의 목소리가 커지고 있다. 기업 입장에서는 글로벌 시장에서 경쟁하기도 버거운데 너무 많은 책임을 지운다는 볼멘소리가 없지 않다. 그러나 사회적 책임에 기반을 둔 경영은 이제 선택이 아니라 기업의 생존을 위한 필수요건이 되어 간다. 주요 이해관계자와 투자자, 소비자들은 기업의 사회적 기여를 투자 대상과 제품 · 서비스를 선택하는 주요 기준으로 삼고 있으며, 선도적인

몇몇 기업들을 중심으로 경제적 가치와 사회적 가치를 함께 추구하는 변화가 확산되고 있다.

기업 역할의 변화 배경을 살펴보면, 기업이 사회와 관계 맺는 방식에 근본적인 변화가 시작되었음을 알 수 있다. 기업의 사회적 가치창출에 대한 시장의 요구는 더 거세질 것이다. 기업은 환경문제 해결, 일자리 창출, 기술 이전 등 제품을 생산, 구매해 주는 사회구성원의 삶의 질 향상을 위해 좀더 적극적 역할을 해야 한다. 즉, 기업은 경제적 주체일 뿐만 아니라 선량한 시민으로서의 역할도 해야 하는 것이다.

기업에 시민적 의무와 책임을 부여하자는 발상의 전환이 좋은 기업시민good corporate citizenship이다. 성숙한 시민이 사회 공동체를 위해 적극적으로 선행을 실천하듯이, 기업도 경영활동에서 사회발전을 위해 역할과 책임을 다해야 한다는 것이다. 한국에서는 2018년에 포스코가 '더불어 함께 발전하는 기업시민'을 경영이념으로 선언했고, 몇몇 기업들도 최근 사회적 책임을 강조하는 등 기업시민을 다양한 방식으로 실천하고 있다.

노스웨스턴대 필립 코틀러Philip Kotler 교수는 '선행good works'은 이제 기업 생존과 번영의 필수조건이 되었고, 공익과 기업 이익 간 균형을 이루는 것이 앞으로 기업의 생존전략으로 자리 잡을 것이라고 말했다. 한국사회에서도 기업의 사회적 책임에 기초한 기업시민 경영이 기업 생존의 필수요건이 되었음을 인지해 가고 있다. 최근 COVID-19로 인한 일상의 변화는 기업경영의 혁신으로 이어졌고,

플랫폼 비즈니스, 인공지능, AR·VR 등 4차 산업혁명 기술이 기업의 경영환경 전반을 뒤흔들어 놓았다. 뿐만 아니라 고도화된 SNS Social Network Service는 오프라인에 흩어져 있던 여론을 온라인에 결집시키고 기업은 이를 고려하지 않을 수 없게 되었다. 눈에 보이지 않는 엄청난 다수가 실체를 가진 강력한 힘이 돼 기업의 브랜드 가치에 직접적인 영향을 주기도 한다.

대·중소기업 간 동반성장을 강조하는 것도 기업을 둘러싼 사회·경영 환경의 변화에서 비롯한다. 기업의 제품과 서비스를 생산하고 유통하는 기업생태계가 흔들리면 기업의 생존도 위협받을 수밖에 없고, 그로 인해 사회경제 전반의 생태계가 파괴되며, 공동체의 존립 기반 자체가 위험해지기 때문이다. 지속가능한 경영의 목표는 바로 건강하고 안정된 사회공동체를 만드는 데 있다. 그래야 기업도 이익과 생존을 보장받을 수 있다. 지극히 상식적인 이 원리가 결국 기업뿐만 아니라 사회·경제 운영의 화두가 돼 새로운 자본주의를 모색하는 흐름을 만들고 있다. 동반성장은 단기간에 경제적 효과를 낼 수 있을 뿐 아니라 지속성장을 위해서도 반드시 선행돼야 할 조건이다.

국내기업으로서는 철강기업 포스코가 가장 먼저 기업시민의 역할과 기업시민경영의 가치를 앞세워 비즈니스 파트너와 함께 강건한 산업생태계를 조성하며 선도적인 역할을 해나가고 있다. 기업시민의 역할이란 사회의 자원을 활용하여 성장한 기업이 사회공동체의 일원으로서 경제적 이윤 창출을 넘어 사회문제 해결에 동참하고 인류의 번영과 더 나은 세상의 창조에 기여하는 것이다. 특히 최근 기업경영의 주요 이슈가 되고 있는 ESG Environmental, Social, Governance (환경 · 사회 · 지배구조) 경영에 대해서도 포스코 임직원들은 간단명료하게 설명한다. 이른바 '기업시민 경영이념 실천을 통한 ESG 경영의 실행'이다. 기업시민 경영이념을 잘 실천한다면, 결국 ESG 경영의 본질이라 할 수 있는 경제적 가치와 사회적 가치가 공존하는 비즈니스 모델을 만들어 갈 수 있다는 것이다.

이제 더 많은 기업들이 기업시민을 이해하고 기업시민으로서의 역할을 수행해 가는 문화가 대한민국 사회 전반으로 확산되어야 한다고 생각한다. 기업시민경영에 공감하며 사회적 가치를 추구하는 길에 동참하고자 하는 기업들에게 포스코가 좋은 모델이 되어 많은 경영자들에게 등대와 같은 역할을 하고 있다는 점에 박수를 보낸다.

2020년 발간된 《기업시민, 미래경영을 그리다》는 기업시민경영의 개념과 연구내용을 담은 이론서라 할 만하다. 이에 더하여 이번에 준비한 《기업시민, 미래경영의 길이 되다》는 기업경영에 필요한 다양한 업무분야별로 실제 수행결과와 우수사례를 담은 실천서라 할 수 있다. 포스코그룹 임직원들이 기업시민 구성원으로서 몸소 실천해 보고 느끼고 얻은 결과물들을 이렇게 공개적으로 보여 주는 것은 그만큼 그 과정을 통해 이루어 낸 기업시민의 가치에 자부심을 가지고 있기 때문이다. 더하여 이제 기업은 기업시민으로서 역할을 제대로 수행해야 사회공동체 구성원들에게 박수를 받을 만한 기업이 될 수 있음을 보여 주는 것이기도 하다.

이 책에서는 다양한 분야의 학계 전문가들이 저자로 참여하여 포스코의 기업시민경영을 독자적으로 연구하고 그 내용을 알기 쉽게 분석 설명하고 있다. 나아가 다른 기업들이 어떻게 사회적 가치를 추구할 수 있는지 그리고 자신에게 필요한 아이디어를 어떻게 발굴할 수 있는지 방법론도 제시하고 있다. 이 책을 통해 기업시민경영이 포스코라는 한 기업을 넘어 대한민국에 있는 많은 기업에 새로운 기업문화로 확산될 수 있기를 기대한다.

기업의 명성corporate reputation은 현대사회에서 기업의 지속가능한 성장과 번영을 위한 필수요건으로 자리 잡았다. 이러한 기업은 사회를 기반으로 만들어지고 사회와 조화를 이루며 성장하고 영속할 수 있다. 영속기업의 명성을 꿈꾸는 모든 기업과 기업인들, 그리고 선량한 영속기업이 이루어 낸 다양한 성과와 실천문화를 경험하고 싶은 많은 분들에게 이 책이 좋은 길잡이가 되기를 바란다.

문명사적인 대전환기에 서서
미래기업의 모습을 만나다

송호근_한림대 석좌교수

"21세기 문명 대변혁을 겪으면서 모든 기업은 기업시민으로 거대한 역사적 전환을 하고 있습니다. 기업시민이 어떤 가치를 만들어 내고 어떤 공감을 만들어 낼 것인가 하는 것은 100년 인류 역사의 가장 중요한 연결고리가 분명 될 것입니다. 문명사적 전환의 관점에서 기업의 새로운 설계가 필요한데, 이것이 바로 기업시민의 본질이라고 생각합니다."

매년 가을, 전 세계 글로벌 전문가들이 참여하는 아시아 최대 포럼인 제22회 세계지식포럼에서 미래기업이 고민하고 표방해야 하는 역할과 과제에 대한 열띤 토론이 펼쳐졌다. 기업이 기업시민으로서 역할을 해야 하는 것은 이제 더 이상 상세하게 이야기할 필요가 없는 미래경영의 최적 모델임은 분명하다. 세기를 넘어 인류 번영을 구가하는 기업이란 과연 존재할까 하는 의문이 들기도 하지만, 지금 우리가 처한 대변혁의 전환기에 미래의 모습이 잉태되고 있기에 기업시민 이념은 필수 불가결한 비전일 것이다.

19세기에서 20세기로의 문명사적 변화에 스페인 독감이 있었다면, 20세기에서 21세기로의 변화에는 분명 COVID-19가 있다고 할 정도로, 현재 우리가 겪는 COVID-19는 획기적인 대변혁의 계기이다. 정치, 경제, 사회 등 모든 영역에서 우리의 생각과 살아가는 방식까지 변화시키고 있기 때문이다.

사회는 씨줄과 날줄에 해당하는 국민과 시민으로 엮여 있고, 사람들은 이 그물망 속에서 더불어 살 본능을 갖고 태어난다. 더불어 사는 삶에서 감정과 정서가 발아하고 그 사회적 관계망에서 시민적 공공성이 싹튼다. 이제는 동시대를 사는 시민들을 배려할 시간이며, 동행의식은 개별 시민과 기업이 배양하고 실천할 시대적 과제이다. 바로 이 점이 시민성을 강조해야 하는 이유다. 시민성의 핵심은 공존과 공생이다. 함께 사는 지혜를 키워 가는 공존과 공생이 더욱 절실해지는 것은 사회공동체적 쟁점들이 복합적 구조를 갖기 때문이다. 기업이 시민성을 추구해야 하는 필연성이 여기에서 나온다.

이미 이러한 움직임은 시작되었다. 코카콜라, 지멘스, 맥도날드 등 36개 글로벌 기업들은 기업가의 책임 있는 행동이 모든 비즈니스의 핵심이며 최고경영자와 이사회 멤버 등 기업시민권에 최종 책임이 있다는 성명을 채택했다. 기업 또한 사회의 일원이기에 사회적 책임과 유대관계를 중시해야 한다는 자각의 표현이다. 이런 자각을 바탕으로 엑손모빌, 포드, 나이키는 기업시민을 경영이념으로 채택

2021년 9월 14~16일 진행된 제22회 세계지식포럼 중 〈문명사적 대전환기 미래기업의 탄생〉 세션 장면.
(왼쪽부터) 염재호 고려대 명예교수, 송호근 한림대 석좌교수, 김용학 연세대 명예교수,
이형희 SK SV위원장, 양원준 포스코 경영지원본부장.

하기도 했다. 국내에서는 SK와 포스코가 이러한 경영의 흐름을 일찍감치 도입했다. 기업의 현실적 본질은 그대로이지만 기업정신의 이념과 내용이 바뀌어 가는 것이다.

기업시민의 본질은 기업이 참여·공여·촉진 기능을 통해 사회경제적 권리socioeconomic right 증진에 기여하는 것으로 요약할 수 있다. 기업은 사회적 이슈에 대한 자발적 참여를 통해 문제 해결의 적극적 행위자로 나서고, 기업의 자원과 역량을 사회에 제공하는 공여자의 역할을 수행할 수 있다. 또한 시민권 증진 기능을 확대해 성숙한 시민사회로의 도약을 선도하는 촉진자 역할도 할 수 있다.

최근 ESGEnvironmental, Social, Governance (환경·사회·지배구조) 경영에 대한 이슈가 크게 부각되고 있는데, 기업시민은 ESG를 포괄하는 총체적, 선제적 개념이다. COVID-19, 기후위기 등에 대비한 친환경 신소재, 동행의식, 탄소제로, 경제혁명 등 문명사적 전환의 관점에서 미래기업의 모습을 찾아야만 한다. 학계 전문가와 기업을 대표해 세계지식포럼에 참여한 연사들이 제언한 내용을 담아 본다.

■ 가치를 공유하는 것이 가장 효과적

김용학__연세대 명예교수·전 총장

오바마 전 미국 대통령은 재임 중 무엇이 가장 힘들었냐는 기자의 질문에 뜻밖의 답을 했다. 이라크 공습을 결정하는 것보다, 공습으로 인해 피 흘리는 어린아이의 사진이 인터넷을 통해 퍼질 때 가장 힘들었다고 털어놓은 것이다. 그의 대답은 SNS 등 정보통신 네트워크에 의해 '공감'의 범위가 시공간을 초월하여 지구적 차원으로 확대되었다는 것을 시사한다.

사회학자들은 사람을 움직이는 세 가지 주된 방법이 있다고 본다. 때리거나, 돈을 주거나, 가치를 공유하는 것이다. 그 각각의 예로는 구시대적 군대, 기업 그리고 종교집단이 있다. 이 중에서 사람을 움직이는 가장 효과적인 방법은 가치를 내면화하고 공유하는 것이다. 자신이 믿는 가치와 신념을 위해 스스로 목숨까지 내놓는 경우도 종종 있지 않은가. 기업도 자신이 추구하는 사회적 가치를 조직 구성원, 그리고 세계 시민과 공유하고 서로 공감한다면, 기업의 경제적 이익과 사회의 공익이 동시에 증진될 수 있다. 이것이 포스코가 주창하는 기업시민 정신의 핵심이다. 결국 기업시민이 이 시대에 큰 적합성을 갖는 이유는 세계적 차원의 공감문명과 탈물질적 가치관의 확산 때문이라고 할 수 있다. 한 가지 공감의 예를 들어 보자.

2005년 서울의 지하철 안에서 벌어진 일명 '개똥녀 사건'이 큰 반향을 일으킨 적이 있다. 지하철에 탑승한 한 여성의 애완견이 바닥에 실례를 했다. 이 여성이 배설물을 치우지 않고 내리자, 옆에서 이를 본 어느 어르신이 변을 치웠다. 곧 애완견을 안고 있는 여성의 사진과 개의 배설물을 치우는 어르신의 사진 두 장이 나란히 인터넷에 퍼져 나갔다. 이 여성을 비난하는 여론에 공감한 네티즌들 중 몇 명은 이 여성의 '신상털기'에 돌입했고, 험한 댓글이 쇄도했다. 미국의 〈워싱턴포스트〉에서는 '개똥녀 사건'을 자세히 보도하며, 인터넷이 발달한 한국에서 벌어진 이 사건이 미국의 미래를 보여 준다고 평가하기도 했다.

이 여성이 기업이라고 상상해 보자. 과연 기업의 반사회적 행동이 조밀하게 연결된 망의 감시를 피할 수 있겠으며, 사람들이 기업의 일탈을 쉽게 용납하겠는가. 공감의 범위가 시공간적 제약을 초월하도록 만드는 네트워크가 공감문명의 인프라이다. 이 공감문명과 더불어 확산되는 탈물질적 가치가 기업이 이윤뿐만 아니라 사회적 가치 또한 추구하도록 요구하는 것이다. 기업이 사회적 가치를 추구하는 중요한 방법은 바로 인류가 직면한 문제를 푸는 데 동참하는 일이다.

현재 인류가 직면한 수많은 문제는 대부분 전 지구적 문제이기 때문에 특정 개인이나 기업, 시민단체, 또는 국가가 단독으로 해결할 수 없다. 기후변화, 해양오염, COVID-19와 같은 전염병 등, 모든 행위주체들이 동참해도 해결이 쉽지 않은 문제들이 산적해 있다. 기업 역시 주주, 고객, 공급사, 협력사, 지역사회 그리고 임직원 등 다양한 이해관계자들과 사회적 가치를 공유한 기업시민으로서 글로벌한 차원의 문제해결에 동참하는 역할과 책임을 다해야 할 것이다.

이러한 기업시민의 역할 변화에 따라, '시장과 국가'에 대한 논쟁의 성격도 변하고 있다. 과거의 '자본주의와 사회주의 논쟁'은 시장이 선한가, 악한가에 대한 논쟁이라고 보아도 무리가 없다. 악한 시장에 대한 대안으로 선한 국가를 정당화한 것이 사회주의였고, 그 반대로 악한 (통제) 국가에 대한 대안으로 '보이지 않은 손'에 의해 움

아니라 눈에 보이지 않는 사회적 가치도 추구하지 않으면 안 된다며, 기업가 정신을 통한 사회적 가치 창출의 중요성을 강조했다.

SK는 기업이 의사결정 과정에서 경제적 가치와 사회적 가치를 동시에 고려하는 Double Bottom Line 경영을 선택했다. 최근 채 1년이 안 되는 사이에 우리나라에서 ESG가 보통명사가 되면서 모든 기업들이 ESG를 중요하게 생각하게 되었다. 이는 소비자의 가치관, 기후문제, 여러 가지 거버넌스와 관련한 기준들의 근본 변화가 우리 사회에서 일어나고 있기 때문으로 기업이 이에 대응하기 위해서는 경제적 가치와 사회적 가치를 관통하는 '변화를 바라보는 관점', 즉 기업가 정신이 필요한 것이다.

하지만 윤리적으로 옳은 것을 아는 것과 실천하는 것은 다를 수 있다. 예를 들어 SK가 추구하는 탄소중립도 가야 할 길인 것은 맞지만, 감당해야 할 비용과 노력을 고려하면 속도에 대한 고민이 생긴다. 그럼에도 불구하고 이런 딜레마 속에서도 기업가 정신을 갖고 선도적으로 나아갈 때 선택의 폭이 커져 경쟁에서도 유리할 수 있다고 생각한다.

이 시점에서 기업가 정신에 대해 생각해 본다. 기업가 정신에 대한 다양한 정의가 있지만 '위기상황에서 기회요소를 적극적으로 탐색하고 혁신을 통해 성장을 추구한다'는 공통점을 발견할 수 있다. 대부분의 국가와 기업, 심지어 개인 차원에서도 불안감이 커지는 이때에 ESG 열풍이 불고 있다는 점을 곰곰이 생각해 보면 이 시대에 필요한 기업가 정신의 핵심가치를 ESG 속에서 찾을 수 있지 않을까 생각한다.

기업가 정신과 ESG 경영은 어떤 관계일까? 과거 사례를 보면, 성공한 기업은 명확하게 보이는 경제적 가치는 물론 눈에 보이지 않는 사회적 가치도 함께 창출해 왔다. 에디슨이 전기회사를 설립하고 전기를 공급함으로써 에디슨의 회사에도 큰 발전이 있었지만 소비자들의 일상생활 편의 향상, 경제활동 시간 확대, 부가적인 일자리 창출 등 엄청난 크기의 사회적 가치도 창출했다고 할 수 있다. 그러고 보면 소비자의 제품과 서비스에 대한 기본적 니즈를 충족시키는 것에서 한 걸음 더 나아가 추가적인 사회적 가치를 제공할 때 기업의 큰 성공이 있었음을 알 수 있다.

특히 최근 국내에서도 매우 뜨거운 이슈가 된 탄소중립과 관련하여, 정부가 2050년까지 탄소중립을 달성하겠다는 정책목표를 발표했고, 금융계에서도 기업의 지속가능성이라는 측면에서 이를 주요 지표로 설정하였다. 때문에 탄소중립은 많은 ESG 지표 중에서도 기업에 가장 중요한 과제이자 해결해야 할 딜레마이다.

또한 지금 이 시대에 ESG 경영이 크게 부상하는 기저에는 소비자의 판단기준 변화가 있다. 소비자가 느끼는 환경에 대한 불안감으로 인해 급진적 환경정책들이 속속 채택되고, 이 정책들은 기업에 큰 위기요소로 작용하고 있다. 그러나 이를 주어진 상황으로 받아들이고 환경 관련 분야에서 새로운 사업을 추구하는 기업에는 분명히 기회요소가 되기도 한다. 즉, 환경문제에 천착하여 좋은 해법을 개발해 내는 기업이 나타난다면 그 기업은 분명히 경제적 가치와 사회적 가치를 함께 창출한 기업가 정신의 모범 사례로 언급될 것이다. 변화의 결과를 따라가는 것보다 변화의 방향성을 예측하고 변화를 선도해 나가는 것이 더 유효한 전략일 수 있다.

소비자의 가치관 변화 측면은 어떨까? MZ세대를 필두로 다양성과 공감, 공정과 정의에 대한 소비자 상식은 바뀌고 있다. 변화에 적응하지 못하고 과거 가치관에 바탕을 둔 행동을 한 기업들이 강한 사회적 비판의 대상이 되거나, 심지어는 경영권까지 위태롭게 되었던 사례들을 쉽게 찾아볼 수 있다.

시장의 요구에 충실히 순응하면서 새로운 기업가 정신을 기반으로 건강한 성장을 추구하려는 기업이라면 ESG의 제반 요소들이 강조되는 근본적 이유를 생각하면서 기업의 체질을 변화시켜 나가는 것이 꼭 필요한 시점이다.

■ 제조업에게 문명사적인 대전환은 위기이자 기회

양원준_포스코 경영지원본부장

현재 제조업은 탄소중립과 기후변화, 그리고 이해관계자 자본주의 등장이라는 2가지 큰 문명사적 변화 속에 있다. 탄소중립과 기후변화 측면에서는 2030년까지 대한민국 온실가스 감축목표[NDC]를 2018년 대비 40% 이상 달성하겠다는 내용의 탄소중립기본법이 2021년 8월 31일 국회 본회의를 통과해 변화의 시작을 알렸다. 전 세계 온실가스 배출량이 2019년 기준 약 591억 톤이고, 이 중 한국은 9위로 약 7억 톤을 배출했다. 현재 탄소중립을 선도하는 유럽의 GDP 중 제조업이 차지하는 비중은 평균 16.4%인 반면 한국은 GDP 중 제조업 비중이 28.4%로 높은 편이어서 친환경 산업구조로의 전환에 많은 투자와 시간이 필요하다. 특히 포스코와 같은 철강 제조업에게는 큰 위기로 다가온다.

그러나 몇 가지 짚고 넘어가야 할 것이 있다. 철은 최고의 친환경 소재이자 재활용성이 높은 소재임에도 생산량이 많다 보니 오해가 발생하기도 한다. 철강과 알루미늄, 마그네슘 등 소재별로 해당 소재를 1톤 생산하는 데 필요한 CO_2 배출량을 비교해 보면, 철강이 2톤 수준인 데 비해 알루미늄은 16톤, 마그네슘은 46톤으로, 철강의 CO_2 배출량은 상대적으로 매우 낮은 수준이다. 또한 LCA[Life Cycle Assessment]의 관점에서 보면 철강의 재활용률은 85%로, 우리가 일상에서 많이 사용하는 고강도 플라스틱의 재활용률이 25%인 점을 고려하면 철은 친환경 소재라고 할 수 있다. 2020년 기준으로 소재별 전 세계 생산량을 보면 철강 18.6억 톤, 플라스틱 3.6억 톤, 알루미늄 0.6억 톤, 마그네슘 0.01억 톤으로, CO_2 발생 총량 측면에서 철강산업이 상당한 비중을 차지하는 것은 철강의 생산량 자체가 타 소재 대비 월등히 많아서일 것이다. 그러나 탄소중립이라는 거대한 메가트렌드에 따라 철강산업 또한 변해야 하는 것은 자명한 사실이다.

이에 기후변화 위기를 기회로 만들기 위해서 포스코도 발 빠르게 준비하고 있다. 철이 탄소 배출이 많은 소재라 인식되는 근본 원인은 철의 원재료인 철광석을 녹이기 위해 열원으로 사용되는 코크스 때문이라 할 수 있다. 약 310여 년 전인 1709년, 영국의 에이브러햄 다비Abraham Darby가 종전에 열원으로 사용되던 목탄의 한계를 극복하기 위해 석탄을 환원제로 사용하는 코크스 철강 생산공법을 개발하여 철강역사의 한 획을 그었고, 현재도 그 공법의 기본 틀이 그대로 유지되고 있다. 코크스는 열효율이 매우 좋은 반면, 다량의 탄소 발생이 불가피하여 기후변화에 좋지 않은 영향을 준다. 인류의 산업화 과정을 돌이켜 보면 주요 에너지원으로 석탄, 석유, 천연가스 등을 사용하였는데, 이 3가지의 공통점은 탄소가 포함되어 있다는 것이다. 탄소중립과 기후변화에 근본적으로 대응하기 위해서는 탄소가 포함되지 않은 에너지원이 필요한 시점이다.

포스코는 에이브러햄 다비 이후 철강업계에서 310여 년 동안 사용된 코크스 철강 생산공법을 대체할 새로운 공정을 개발하고 있다. 바로 탄소가 포함되지 않은 재생에너지와 수소를 이용한 철강 생산공정, 즉 수소를 환원제로 쓰는 수소환원제철법을 개발하여 기후변화에 선제적으로 대응하고 있다.

수소를 활용하면 탄소 발생을 제로화하는 그린 스틸을 만들 수 있다. 이는 포스코 혼자 모든 것을 해결할 수 없는 난제이므로, 기후변화의 위기를 기회로 만들어 나가기 위해 정부, 글로벌 철강사들과 함께 힘을 모아 해결해 나가고자 한다.

또 다른 문명사적 변화는 이해관계자 자본주의의 등장이라고 할 수 있다. 2020년 다보스포럼 등을 통해 기업의 존재이유에 대한 성찰로 등장한 이해관계자 자본주의와 함께 COVID-19 상황 이후 급부상하고 있는 ESG 이슈가 중요해지면서 기업은 비재무 가치까지 관리해야 하는 새로운 경영 패러다임의 변화 속에 있다. 이는 기업 문화와 일하는 방식의 혁신을 요구하는, 기후변화와는 또 다른 새로운 도전이라고 할 수 있다.

기존의 주주 중심 경영에서 다양한 이해관계자들을 고려하여 공존·공생의 가치를 추구하는 경영으로의 변화, 재무가치뿐만 아니라 비재무가치까지 고려하는 변화는 기업을 실제로 움직이는 임직원의 업무를 바라보는 시각과 일하는 방식을 완전히 바꿔야 가능하다. 이를 위해서는 구성원 전체를 한 방향으로 이끌어 갈 수 있는 명확한 목적지향적 가치 제시가 필요하다.

이에 포스코는 2018년 '더불어 함께 발전하는 기업시민'을 경영이념으로 선포하고 선제적으로 대응하고 있다. 기업시민은 기업 본연의 활동인 경제적 가치 창출을 넘어서, 한 사회 구성원으로서 모든 이해관계자와 함께 공존·공생을 실현하겠다는 것이다. 포스코는 기업시민을 Credo로 삼아 모든 임직원들이 업무와 일상에서 이해관계자를 먼저 배려하는 업무방식을 문화로 정착하기 위해 노력하고 있다.

에너지원의 변화와 기업경영 패러다임의 변화가 동시에 오는 문명사적 대전환의 시대는 이를 어떻게 바라보고 대응하느냐에 따라서 위기기 될 수도 있고 기회기 될 수도 있다. 포스코는 이미 위기를 기회로 만들기 위해서 선제적으로 사업 정체성을 친환경소재 전문 메이커로 전환하였고, 경영 패러다임 측면에서도 기업시민을 베이스로 ESG 경영에 적극적으로 대응해 나가고 있다. 변화를 주도하는 기업만이 지속가능할 수 있고, 이것이 바로 미래기업의 모습이 아닐까 생각한다.

차 례

PART 1

비즈니스 모델 변혁 Business Model Transformation

PART 2

산업생태계 혁신 Biz-Ecosystem Innovation

PART 3

사회적 임팩트 창출 Social Impact

PART 4

조직문화의 변화 Culture Change

기업경영의 진화와
기업시민의 필요성

근대 문명이 태동한 이래 인류가 만들어 낸 최고의 발명품 하나를 꼽는다면 무엇일까? 언뜻 증기기관, 자동차, 전기, 원자력, 인터넷, 인공지능 같은 단어가 떠오른다. 하지만 이러한 눈에 보이는 사물이나 기술을 넘어 모든 문명의 편리함을 가능하게 한 숨은 무언가가 있지 않을까? 전 세계 많은 학자들이 머리를 맞대고 고민해서 내린 결론은 이렇다. '인류 최고의 발명품은 바로 기업企業이다.'

18세기 중반 이후 근대적 의미의 기업이 등장하면서 인류는 과거에는 상상조차 할 수 없던 엄청난 풍요를 누리게 되었고, 인간은 역사가 시작된 이래 어느 집단도 이루지 못했던 성취를 바탕으로 하루가 다르게 지평을 넓힐 수 있게 되었다. 기업은 제품과 서비스를 만들어 내는 생산자이고, 일자리를 창출하는 고용주인 동시에 각종 장비와 설비에 투자하는 투자자이며, 인적 자원과 지식 발전에 기여하는 개발자로서 그 역할을 다해 왔다. 만약 기업이 없었다면 지금 우리가 일상적으로 누리는 모든 것들은 당장 증발하게 될 것이다. 영화에서처럼 어느 날 자고 일어났더니 갑자기 몇백 년 전의 중세시대로 돌아가는 것이다.

하지만 동전의 양면처럼 기업이 가져온 물질적 풍요는 예기치 못한 부작용을 수반하였다. 눈부신 시장경제 발전과 글로벌화의 이면에서 각종 환경파괴와 빈부격차, 계층 간 양극화, 물질만능주의 등의 폐해가 발생하기 시작했다. 그렇게 된 이유는 바로 기업을 움직이는 기본 동력인 '돈money', 즉 손익계산서상의 이윤profit에 집착한 부작용 때문이다.

최소한 지금까지는 기업의 긍정적 측면이 워낙 강했기 때문에 기업 활동에 따른 몇몇 부작용들은 충분히 감내할 만한 수준이라고 생각되었다. 하지만 그렇게 점점 쌓인 문제와 불만들이 이제는 기업이 주도하는 자본주의 시스템 자체를 위협하는 수준에 이르렀다. 기업 입장에서도 지금까지처럼 이윤만 바라보고 전력질주해서는 더 이상 지속적인 이윤 창출이 어려운 상황이 되었다. 기업이 생산하는 제품과 서비스를 소비하고 가격을 지불하는 사회 전체가 위태로워지기 때문이다.

이제는 이윤을 목표로 달려가는 기업의 행태, 그리고 그러한 행태를 조장하는 자본주의 시스템 전체를 수질해야 할 때가 왔다. 그런 측면에서 이 책의 주제이기도 한 기업시민은 기업의 존재이유와 자본주의의 미래에 대한 해답이라고 할 수 있다.

사전적 의미로 시민市民은 "국가 사회의 일원으로서 그 나라 헌법에 의한 모든 권리와 의무를 가지는 자유민"을 의미한다. 고대사회에서는 일종의 특권계급으로 존재했고, 근대에는 부를 축적하고 시민혁명을 주도한 부르주아 계층을, 현대사회에서는 대다수의 사회 구성원을 의미한다. 그렇다면 기업시민企業市民은 사회공동체의 일원으로서 사업을 수행할 권리를 가지고 공동체에 대한 책임도 함께 수행하는 주체로서의 기업을 의미한다고 할 수 있다.

즉, 지금까지 사회의 자원을 활용하여 성장해 온 기업이 이제는 사회공동체의 일원으로서 경제적 가치뿐만 아니라 사회적 가치를 창출하며 사회 속에서 공존, 공생해야 한다는 뜻이다. 기업과 건강한 사회 간의 관계는 농부와 옥토沃土의 관계와 같다. 농부가 가을에 풍성한 수확을 거두려면 평소에 논밭을 잘 가꿔야 하듯이 기업도 사회를 건강하고 활기차게 만드는 데 기여해야 사회와 함께 번창할 수 있을 것이다.

사회적 가치를 높이는 활동은 자연스럽게 기업의 평판을 높이고 더 우수한 경영자원의 유입을 이끌어 내면서 기업의 경쟁력과 수익 기반을 높여 준다. 이것은 일종의 사회적 자산이 되면서 궁극적으로 지속가능한 기업으로 성장하는 밑거름이 될 것이다. 나아가 사회문제 해결을 위해 노력하는 과정에서 새로운 비즈니스 기회를 창출할 수도 있기 때문에 지속가능한 성장 기반이 더 탄탄해지는 효과도 기대할 수 있다.

전 세계 여러 학자들의 연구결과도 이러한 사실을 뒷받침한다. 미국 하버드대 로사베스 모스 캔터Rosabeth Moss Kanter 교수는 2011년 "위대한 기업들은 재무적 성과와 사회적 성과를 조화시킴으로써 영속적인 존재가 되기 위해 노력한다"는 연구결과를 발표했다. 보스턴칼리지 기업시민연구센터 캐서린 스미스Katherine Smith 센터장은 2019년 "기업시민 도전과제The Corporate Citizenship Challenge"라는 보고서를 통해 산업 분야를 막론하고 기업의 사회적 성과와 재무적 성과가 같은 방향으로 움직인다는 사실을 강조했다.

최근에는 경제적 가치와 사회적 가치를 동시에 가능하게 하는 중요한 존재로서 기업을 바라보고 기업의 역할을 강조하는 연구들도 속속 발표되고 있다. 옥스퍼드 경영대학원 콜린 메이어Colin Mayer 교수는 2019년에 출간된 저서 《프로스퍼리티Prosperity》에서 "법은 정의를 위한 것이고, 약은 건강을 위한 것이라면, 기업은 무엇을 위해 존재하는 것인가?"라는 본질적 질문을 던지면서, 기업은 사람people과 지구환경planet이 직면한 문제에 솔루션을 주는 과정에서 이윤profit을 만들어 내는 존재라고 말했다. 또한 런던비즈니스스쿨의 알렉스 에드먼스Alex Edmans 교수는 2021년에 출간된 저서 《ESG 파이코노믹스Pieconomics》를 통해 사회적 목적과 재무적 이윤추구를 이분법적으로 바라보는 것은 정해진 양의 파이를 나누어 가져가는 제로섬zero-sum 관점에 기반한 결과라면서, 전체 파이를 키워 기업과 이해관계자 모두의 몫이 커지도록 하는 것이 중요하며 기업은 파이를 키우는 데 핵심 역할을 수행하는 중요한 주체라고 말하고 있다.

기업시민, 이미 글로벌 패러다임으로 안착

우리에게 익숙한 글로벌 선진기업들은 이미 기업시민 대열을 선도하고 있다. 이 말을 뒤집으면, 이미 오래전부터 기업시민의 길을 걸어왔기 때문에 어떤 위기상황에도 흔들리지 않고 꾸준히 지속성장하는 글로벌 모범기업이 되었다고 할 수도 있다. 펩시, 유니레버, 존슨앤존슨, BASF, 지멘스 등의 기업들이 대표적이다.

더 나아가 기업의 역할뿐 아니라 기업을 평가하는 기준도 달라지고 있다. 1930년 창간된 미국의 최장수 경제전문지 〈포춘Fortune〉은 전 세계 투자자들이 '어떠한 기업에 투자할 것인가?'를 판단할 수 있도록 매출 규모 등 기업들의 순위를 매긴 정보를 매년 제공하는데, 최근에는 기업의 사회적 역할을 중시하는 방향으로 평가기준이 변화되는 추세다. 특히 2015년부터는 사회에 미치는 임팩트를 평가한 '세상을 바꾸는 기업change the world' 순위를 제공하고 있다. 2020년의 경우 매출 중심의 〈포춘〉 500대 기업 순위 1~5위에 월마트, 아마존, 액손모빌, 애플, CVS헬스가 오른 반면, 세상을 바꾸는 기업 1~5위는 백신개발사들, 알리바바, 페이팔, 엔비디아, 블랙록이었다. 이러한 사실은 기업을 바라보는 사회의 시선이 획기적으로 변하고 있음을 보여 주는 명백한 증거라고 할 수 있다.

글로벌 투자기관들도 환경, 사회, 지배구조를 뜻하는 ESG 이슈에 주목하여 투자 의사결정에 반영하고 있다. 세계 최대 자산운용사인 미국 블랙록BlackRock의 CEO 래리 핑크는 "투자를 결정할 때 환경 지속성을 핵심 목표로 삼겠다"고 언급한 바 있으며, 다른 글로벌 자산운용사들 역시 ESG 이슈를 소홀히 하는 기업에는 투자하지 않겠다고 경고하기도 했다. 우리나라의 대표적 기관투자자인 국민연금도 주식 및 채권 투자 시 기업의 재무적 요소뿐 아니라 ESG 요소를 종합적으로 살펴보고 있다.

코로나 팬데믹, 기업의 사회적 역할을 부각

COVID-19 사태를 겪으면서 우리 모두는 기업과 사회는 함께 공존한다는 점을 다시 한 번 떠올릴 수 있었다. 전 세계가 직면한 최악의 상황을 해결해 줄 궁극의 해결사로서 기업의 역할에 주목하게 된 것이다. 바이러스 확산에 대응하는 과정에서 의료기기와 위생용품 공급이 여의치 않아지자, 많은 기업들이 본업을 잠시 미뤄 두고 자사의 공장과 설비를 활용하여 의료현장과 방역에 필요한 물품을 최우선적으로 생산하고 안정적으로 공급하는 데 적극적으로 나섰다. 한 자동차회사 엔지니어들은 대학 연구팀과 협업해 호흡보조장치를 개발하고, 섬유업체들은 마스크와 병원 가운을 급히 만들어 제공하기도 했다. 또한 회사 시설을 경증환자와 의료진을 위한 시설로 사용할 수 있도록 제공하거나, 고립된 사람들에게 식료품과 생필품을 전달하는 등 사회 전체의 위기를 극복하는 데 힘을 보태기도 했다.

경제학 교과서에서는 경제의 3대 주체를 정부, 가계, 기업으로 나눈다. 여기에는 각각의 주체가 제 역할에 충실하면 전체 경제 시스템이 유지되고 발전해 간다는 큰 믿음이 깔려 있다. 그런데 코로나 팬데믹처럼 큰 충격이 발생하자 3대 경제주체 중에서 기업의 역할이 단연코 돋보였다. 특히 최단 기간에 COVID-19 백신을 개발, 보급해서 귀한 생명을 살리고, 희망의 불씨를 지피며, 침체된 경제에 활력을 선물한 점에 이르면 더 말할 나위가 없다.

코로나 팬데믹이 언제 끝날지, 아니 과연 끝나기는 할지에 대해서는 의견이 분분하다. 하지만 모두가 동의하는 한 가지 불길한 조짐은 앞으로 다가올 미래에는 COVID-19에 버금가는, 혹은 훨씬 더 공포스러운 재앙이 언제든 종종 발생할지 모른다는 우려이다. 사회를 지탱하는 기업의 역할, 혹은 기업 스스로의 존속을 위해 기업이 지향할 방향에 대해 진지하게 생각하지 않을 수 없는 이유가 바로 여기에 있다.

기업시민 실천의 모범사례, 포스코

기업시민은 미래 경영의 해법임과 동시에 새로운 시대정신 zeitgeist 이다. 기업시민을 실천하는 대표기업인 포스코는 이러한 변화에 앞장서 대응하기 위해 창립 50주년이 되는 2018년 7월에 경영이념으로 '더불어 함께 발전하는 기업시민'을 선포했다. 기업시민은 '시민처럼 생각하고 행동하는 기업'을 의미한다. 이는 이윤을 추구하는 경제주체로서의 역할뿐 아니라 회사가 보유한 역량과 자원을 바탕으로 사회문제 해결에 적극 참여하고, 더 나은 세상을 만들기 위해 선도적이고 자발적인 자세로 역할을 수행하겠다는 의지를 표명한 것이고 사회와 약속한 것이다.

포스코는 기업시민으로서 새로운 여정을 시작하기 위해 기업시민 포스코의 지향점과 가치를 담아 모든 임직원이 공감할 수 있는 보편타당하고 지속가능한 내용으로 풀어 낸 '기업시민헌장'을 제정, 공표했다. 시대의 요구에 부응한 기업시민 경영이념을 구체적으로 해석하여 회사의 존재이유를 설명하고, 내외부의 역량을 한 방향으로 결집시켜 기업시민 경영이념 구현에 대한 전 임직원의 하나 된 실천의지를 다짐하기 위해서다.

헌장 전문에는 기업시민의 개념을 설명하고 그 지향점과 다짐을 담았다. 기업이란 사회와의 조화를 통해 성장하고 영속할 수 있는 존재이며, 사회공동체의 일원으로서 경제적 이윤 창출을 넘어 더 나은 세상을 만들어 가는 데 기여하는 것이 기업의 올바른 길이고, 이러한 기업이 바로 기업시민이라고 말하고 있다. 기업시민 경영이념을 통해 고객, 구성원, 주주 등 모든 이해관계자와 함께 소통하고 공감하면서 끊임없이 변화하고 혁신하여 궁극적으로 기업가치를 높이고자 한다는 내용을 명시했다.

헌장 전문과 함께 Business, Society, People이 가 영역에서 기업시민을 위해 모든 임직원이 준수하고 실천해야 할 원칙들을 구체적으로 담았다.

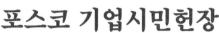

포스코 기업시민헌장

기업의 경영활동은 사회를 기반으로 이루어지며,
사회와 조화를 통해 성장하고 영속할 수 있다.

우리는 사회의 자원을 활용하여 성장한 기업이
사회공동체의 일원으로서 경제적 이윤 창출을 넘어 사회문제 해결에 동참하고
인류의 번영과 더 나은 세상을 만들어 가는데 기여하는 것이 올바른 길이라고 믿는다.

포스코는 '**더불어 함께 발전하는 기업시민**' 경영이념하에
고객, 구성원, 주주 등 모든 이해관계자와 소통하고 공감하면서
끊임없이 변화하고 혁신하여
궁극적으로 더 큰 기업가치를 창출하며 지속 성장하고자 한다.

이에 기업시민 포스코는 모든 경영활동에 있어 다음 원칙을 준수한다.

하나, 비즈니스 파트너와 함께 강건한 산업 생태계를 조성한다.
· 모든 사업에서 공정 · 투명 · 윤리의 가치를 실천한다.
· 배려와 존중의 자세로 협력사, 공급사와 협업하고 동반성장한다.
· 최고의 제품과 서비스를 제공하여 고객성공을 지원한다.

둘, 사회문제 해결과 더 나은 사회 구현에 앞장선다.
· 사회가 직면한 문제에 공감하고 기업차원의 역할을 다한다.
· 지역사회 발전과 환경보호를 위한 공익적 활동을 전개한다.
· 이웃을 배려하는 마음으로 모든 구성원이 나눔활동에 적극 참여한다.

셋, 신뢰와 창의의 조직문화로 행복하고 보람있는 회사를 만든다.
· 안전하고 쾌적한 근무환경을 조성하여 구성원의 건강과 안녕을 도모한다.
· 공정한 인사와 안정적 노사관계로 신뢰와 화합의 조직문화를 선도한다.
· 다양성을 포용하고 일과 삶이 균형을 이루는 행복한 일터를 구현한다.

2019년 7월 25일
포 스 코

먼저 Business 측면에서는 점점 중요해지는 산업생태계를 더욱 강건하게 만들어야 함을 강조한다. 복잡해지는 경영환경 속에서 기업 혼자만의 경쟁력을 높이는 것만으로는 생존하기 어렵고, 비즈니스 파트너와 함께 윈-윈Win Win하는 공생가치를 창출하여 생태계 전체를 강건하게 만드는 것이 필요하기 때문이다. 공생가치란 비즈니스 파트너와 상호협력을 통해 창출되는, 서로에게 이익이 되는 가치를 말하며, 기업이 생존하고 지속발전하는 원동력이라 할 수 있다.

Society 측면에서는 저출산, 환경오염 등 갈수록 심화되는 사회문제에 공감하고 이를 해결하기 위해 노력할 것을 강조한다. Society 측면에서 기업시민의 역할은 사회문제 해결에 동참하는 분위기를 조성하고Promote, 지역사회 발전과 환경보호를 위해 노력하며Provide, 전 임직원이 자발적으로 나눔과 봉사에 참여Participate하는 3P로 볼 수 있다. 사회를 구성하는 일원으로서 더 나은 사회 구현을 위해 지역사회와 함께 발전하고 이웃을 배려하는 다양한 활동을 전개해 나가야 할 것이다.

People 측면에서 회사는 직원이 직장과 지역사회에서 행복과 보람을 느낄 수 있도록 노력하고, 임직원은 기업시민의 구성원으로서 기업시민 실천활동에 적극 동참하는 마인드와 자세를 갖추어야 함을 강조한다. 이를 위해서는 신체적physical, 심리적psychological, 생활외living 안정성safety이 중요하다. 구체적으로 임직원이 업무환경에서 신체적 위험을 느끼지 않고 쾌적함을 느낄 수 있어야 하며, 조직 간 그리고 임직원 간 상호 신뢰와 배려, 존중에 기반한 소통으로 안정감을 주고, 업무에 몰입하되 개인의 삶을 존중하고 다양성을 포용하는 문화를 구축해야 한다.

포스코가 제정한 기업시민헌장은 기업시민경영을 추진하고자 하는 기업들에게 기업시민을 추구하는 목적과 지향점을 제시할 수 있을 것이다. 그런 측면에서 기업시민헌장은 기업시민이라는 지향점을 향해 나아가는 일종의 나침반compass이라고 할 수 있다. 하지만 나침반만 가지고는 여정을 완수할 수 없다. 지금의 위치에서 목표점으로 나아갈 길을 알려 주는 지도map가 필요하다. 기업시민을 머리로 이해하고 마음으로 공감하는 것을 넘어 실제 사람들이 움직이고 행동으로 실천할 수 있어야 눈에 보이는 성과를 만들어 낼 수 있다.

포스코는 기업시민 경영이념을 모든 경영활동의 준거로 삼고 조직문화로 뿌리내려 정착시키기 위해서는 우선 개개인의 업무와 일상에서 기업시민의 렌즈로 개선점을 발굴·실천할 수 있어야 한다고 생각했다. 이를 위해 기업시민 경영이념을 보다 쉽게 안내할 수 있도록 회사의 주요 업무별로 기업시민이 추구하는 가치spirit와 행동지침guideline을 담은 기업시민 실천가이드CCMS: Corporate Citizenship Management Standards를 제정했다. 기업시민을 향해 나아가는 지도를 만든 것이다. CCMS는 새로운 규정이나 제도가 아니라, 업무를 수행하면서 어떠한 마음가짐과 자세를 가져야 할지, 기업시민의 관점에서 좀더 중요하게 생각하고 실천해야 할 부분이 무엇인지 찾아내 안내해 주는 길잡이이다.

포스코 CCMS는 2020년 초부터 6개월여에 걸쳐 작성되었는데,

우선 회사의 주요 업무를 조직 구조와 수행하는 역할에 따라 13개의 모듈로 구분했다. 구체적으로 Business 측면에서는 전략·재무, 생산·품질, 안전, 환경, 마케팅, 구매, 동반성장, 신성장, R&D 의 9개 모듈, Society 측면에서는 사회공헌과 커뮤니케이션의 2개 모듈, People 측면에서는 인사와 조직문화의 2개 모듈로 구성되어 있다.

각 모듈별 내용에는 포스코 경영층의 메시지뿐 아니라 관련 부서의 의견과 실제 현장직원들의 생생한 목소리를 반영하여 톱다운top-down, 보텀업bottom-up, 미들업다운middle-up-down 관점을 모두 담을 수 있도록 했다. 특히 관련 부서에서 직접 제정과정에 참여함으로써 기업시민 관점에서 업무와 일상활동을 해당 부서 직원들이 스스로 재정의하는 데 보다 쉽게 활용할 수 있도록 했다.

최근 ESG 등의 이슈가 급부상하면서 기업들이 ESG 경영에 관심을 가지게 되는데, 이들이 그린워싱greenwashing으로 의심받지 않고 진정성 있게 ESG 경영을 추진하고자 할 때 이런 구체적인 가이드는 꼭 필요하다고 생각된다.

기업시민경영을 위한 실천서

이 책은 기업시민의 개념과 그 경영학적 의미를 담은 《기업시민, 미래경영을 그리다》(2020)의 후속편으로서, 기업시민경영을 크게 4개 파트(비즈니스 모델, 산업생태계, 사회적 임팩트, 조직문화)로 나누어

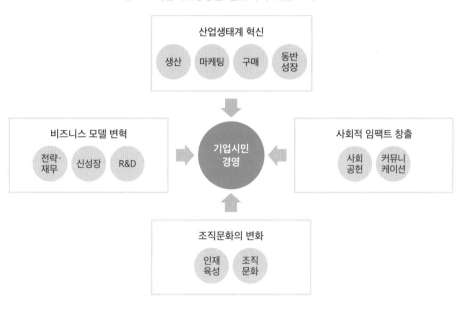

그림 1 — 기업시민경영을 실천하기 위한 4개 PART

산업생태계 혁신

생산   마케팅   구매   동반성장

비즈니스 모델 변혁

전략·재무   신성장   R&D

기업시민경영

사회적 임팩트 창출

사회공헌   커뮤니케이션

조직문화의 변화

인재육성   조직문화

설명하고자 한다. 각 파트에서는 독자 여러분들의 기업시민에 대한 이해와 공감대를 높이고 업무를 바라보는 관점과 행동의 변화, 구체적인 업무수행 방식의 방향성 등을 제시하여 실천력을 높이는 데 도움이 될 수 있는 내용을 담고자 했다. 또한 포스코 및 포스코그룹사의 우수 사례들을 소개하면서 업무 현장에서 활용할 만한 아이디어를 얻을 수 있도록 했다. 마지막으로 구체적인 행동 변화로 이어질 수 있도록 업무과정에서 고려해야 할 핵심 내용들을 제시했다.

PART 1에서는 비즈니스 모델의 변혁business model transformation을 이야기한다. 기업시민경영을 실천하기 위해 회사의 경영전략은 어떻게 달라져야 하며, 경제적 가치와 사회적 가치를 동시에 창출하기 위해 어떻게 새로운 비즈니스를 찾고 어떻게 기술을 연구개발할 것인가에 대한 내용을 담았다. 전략·재무 부서는 이해관계자 자본주의 시대에 사회가 요구하는 기업의 역할에 부합하는 지속가능한 경영전략을 수립하고 자원을 최적배분하며, 리스크와 성과를 관리·조정하는 컨트롤타워 역할을 수행해야 한다. 신성장 부서는 회사의 지속가능한 성장에 기여하고 더 큰 가치를 창출할 수 있는 새로운 비즈니스를 발굴, 육성하여 사업화해야 한다. R&D 부서는 본업의 지속가능 성장을 위한 기술 솔루션을 제공하는 것과 동시에 최고의 제품·솔루션을 적기에 개발하여 고객 성공에 기여해야 한다.

PART 2는 산업생태계 혁신 biz-ecosystem innovation에 대한 내용이다. 기업시민경영은 기업 혼자만 실천한다고 이루어지는 것이 아니며, 기업을 둘러싼 생태계 내 파트너들과 협력하여 공생가치를 만들어 낼 수 있을 때 비로소 가능하다. 생산 부서는 안전하고 상생하는 현장문화 속에서 고품질의 친환경 제품을 생산하는 데 주력해야 한다. 구체적으로 제품의 품질·원가경쟁력을 확보하여 고객가치를 창출하고, 안전해서 행복한 일터를 구현하며, 선제적이고 능동적인 저탄소·친환경 생산체계를 구축해야 한다. 마케팅 부서는 고객과 공생가치를 창출하여 고객의 성공 및 산업생태계 발전을 이끌어 내는 데 핵심 역할을 수행해야 한다. 구매 부서는 경제적 소싱을 넘어 지속가능한 소싱을 지향하며 공정하고 투명한 구매를 통해 지속가능한 산업생태계를 만들어 가야 한다.

PART 3에서는 사회적 임팩트 창출 social impact을 다루었다. 기업은 가지고 있는 자원과 역량에 기반해 임팩트 있는 사회공헌활동을 실행함으로써 사회 전체를 더욱 건강하게 만드는 데 기여할 수 있다. 또 기업시민경영 추진활동에 대해 이해관계자와 진정성에 기반하여 지속적으로 소통하고 신뢰를 쌓는 것이 중요하다. 사회공헌 부서의 역할은 모든 임직원들이 사회공동체의 일원으로서 사회문제 해결을 위해 자발적으로 참여하고 실천할 수 있는 문화 조성에 앞장서는 것이다. 커뮤니케이션 부서는 기업활동에 대한 진정성 있는 홍보와 지속적인 소통의 메신저로서 이해관계자 모두가 공감하는 기업시민 브랜드를 구축하는 데 집중해야 한다.

마지막으로 PART 4는 조직문화의 변화 culture change 이다. 기업이 경제적 가치와 사회적 가치를 동시에 창출할 수 있도록 비즈니스와 산업생태계를 혁신해 나가기 위해 어떤 인재들을 길러내고 어떤 조직에서 일하도록 할 것인가에 대한 내용이다. 인사 부서는 자부심과 열정으로 업무 성과와 사회적 가치 창출에 앞장서는 인재상을 추구해야 한다. 조직문화 부서는 서로가 믿고 협력하여 함께 성장할 수 있는 행복하고 보람 있는 일터의 구현을 지향해야 한다.

기업시민, ESG 시대 기업경영의 등대

지금 이 순간, 대한민국 모든 기업이 처한 상황을 가장 잘 압축하는 단어를 하나 꼽는다면 아마도 ESG일 것이다. 지금도 거의 매일의 뉴스 1면을 ESG가 장식하고 있다. ESG는 경영 기법이나 혁신 구호가 아니다. 기업을 설립하고 운영, 관리, 소통하는 모든 활동들이 ESG가 바라보는 지점에 맞춰져야 한다는 의미이다.

그런 의미에서 기업시민은 ESG보다 한층 더 포괄적 개념이라 할 수 있다. 이 책에서 소개하는 기업시민경영과 포스코 사례가 ESG의 시대적 요청 앞에서 고민하고 있을 많은 기업들에게 도움이 될 것이다. 글로벌 경영전략과 조직이론의 대가이며 특히 붉은 여왕 이론red queen theory으로 유명한 미국 스탠퍼드 경영대학원의 윌리엄 바넷William P. Barnett 교수는 2021년 7월 개최된 기업시민 특별 심포지엄에서 "대기업의 사회적 책임 노력이 한국 사회 전 부문에 파급되면 큰 임팩트를 미칠 것으로 기대한다"고 말했다.

붉은 여왕 이론이란 루이스 캐럴Lewis Carrol의 동화 《거울나라의 앨리스Alice Through the Looking Glass》에서 따온 일화로, 붉은 여왕이 "경쟁에서 살아남기 위해서는 가만히 있으면 안 되고 계속 뛰어야 한다"고 말하는 것처럼 경쟁이 시장의 모든 기업을 더 강하게 만든다는 이론이다. 윌리엄 바넷 교수는 "많은 기업들이 기업시민 경영이념을 내세우고 있지만 기업시민 실행을 위한 구체적인 조치는 취하지 않고 있다"면서, "기업시민에 대한 실질적이고 구체적인 방안이 뒷받침되지 않으면 그저 아름다운 세상이라는 환상에 불과하다"고 말했다. 그런 측면에서 포스코가 기업시민 관점에서 업무별로 구체적인 기업시민 실천가이드를 제정한 것은 매우 좋은 사례이며, 이를 통해 포스코뿐 아니라 산업계 전체의 기업시민 실행에 대한 기준이 높아지는 파급효과를 기대할 수 있을 것이라고 언급했다.

비단 윌리엄 바넷 교수의 언급이 아니어도 이 책의 내용은 한국의 많은 기업들이 업종 특성과 처한 상황에 맞게 각 사의 기업시민, 혹은 ESG 지침서를 만드는 데 유용한 참고가 될 것이다. 기업이 직면한 경영환경은 매일매일 변한다. 새로운 위기에 직면할 때도 있고, 예기치 않은 기회를 만나기도 할 것이다. 기업을 바라보는 사회의 시선도 변할 수 있고, 그에 따라 기업에 대한 기대나 요구도 바뀔 수 있다. 따라서 기업경영 가이드라인도 세상의 변화와 사회의 시선에 유연하게 맞춰 가야 한다. 이 책에 담긴 내용도 단지 종이에 적힌 근사한 문구에 그치는 것이 아니라 매일매일의 비즈니스 현장과 사회의 공기와 함께 호흡하면서 지속적으로 진화해 가기를 바란다.

기업시민경영에 대한 개념서인 《기업시민, 미래경영을 그리다》에 이어 실천서인 《기업시민, 미래경영의 길이 되다》를 세상에 내놓을 수 있도록 물심양면으로 지원해 주신 포스코 최정우 회장님과 관계자 여러분, 그리고 기업시민포럼에 참여해 주신 여러 교수님들께 감사의 말씀을 전한다.

저자를 대표하여

곽수근 · 유규창 · 송호근 · 문형구

PART 1

비즈니스 모델 변혁

Business Model Transformation

곽수근

김동재

이상현

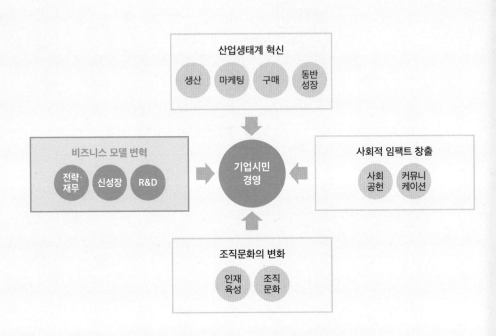

곽수근

기업시민경영이 지향하는 궁극적 목표 가운데 중요한 하나는 더 큰 기업가치를 창출하며 지속가능한 성장을 이루어 내는 것이다. 이를 위해서는 새로운 경영 패러다임에 따라 회사가 장기적으로 꾸준히 이윤을 얻으면서 사회적 가치도 동시에 창출할 수 있도록 비즈니스 모델을 혁신하는 것이 필수적이다.

이러한 비즈니스 모델은 몇 가지 기본 조건을 가지고 있다.

첫째로, 남보다 먼저 앞을 내다보고 회사의 전략방향을 이끌어 가는 역할이 매우 중요하다. 세계적인 경영 컨설턴트 오마에 겐이치 大前研一도 "배가 잘못된 방향으로 가고 있는데 열심히 노를 젓는 것은 도움이 되지 않는다"며 전략의 중요성을 강조한 바 있다. 조직의 목표를 올바르게 설정하여 조직구성원을 같은 방향으로 이끌어 가는 것이 기업의 성패를 좌우하는 결정적 요소임을 시사하는 말이다.

곽수근

미국 노스캐롤라이나대에서 박사학위를 받았으며, 현재 서울대 경영대학 명예교수로서 국제회계기준재단 이사와 포스코 기업시민위원회 위원장으로 재직 중이다. 한국경영학회와 한국학술단체총연합회 회장을 역임하였다. 주요 저서로는 《Cross Border M&A 사례집》(공저, 2008), 《회계학원론》(공저, 2006), 《사회경제회계》(공저, 1991) 등이 있다.

둘째로, 기존에 영위하던 사업에 안주하지 않고 시대 변화에 부합하는 새로운 먹거리, 즉 신성장사업을 끊임없이 추구해야 한다. 기업시민경영의 관점에서는 기업이 지속가능한 성장을 달성하는 것과 더 나은 세상을 만들어 가는 것을 별개로 보지 않는다. 이 둘은 동시에 지향해야 하는, 서로 어우러지는 가치라는 것이다. 기존의 사업을 유지하는 데 그치지 않고 새로운 가치를 가진 제품과 서비스를 개발하는 것은 경제적 이익을 창출하는 일일 뿐만 아니라 더 많은 일자리를 창출하고 사회에 더 많이 기여하는 일이기도 하다. 그러므로 신성장사업을 발굴하고 추진하는 것은 기업시민경영을 실현하는 데 필수적이다.

셋째, 연구개발은 회사의 지속가능한 성장에 필요한 기술경쟁력을 확보하여 최고의 제품과 솔루션을 제공하도록 만들어 주는 원동력이 되어야 한다. 갈수록 치열해지는 글로벌 경쟁 상황에서 기업이 지속성장을 이루기 위해서는 고객과 사회가 필요로 하는 기술을 선도적으로 개발해야 한다. 예를 들면 우수하고 혁신적인 제품 및 솔루션PI; Product Innovation, 원가경쟁력 강화 기술CI; Cost Innovation, 친환경 기술EI; Environment Innovation 등을 남보다 한발 앞서 개발해야 한다는 뜻이다. 그러므로 인공지능AI; Artificial Intelligence, 로봇 등 4차 산업혁명 시대의 첨단기술을 접목하여 보다 효율적이고 창의적인 기술을 개발하도록 역량을 집중해야 한다.

지속가능한
경영·재무 전략을 수립하라

기업조직에서 경영전략·재무 기능은 전략과 계획을 수립하는 기획을 담당한다. 따라서 모든 업무수행 과정에서 기업시민 관점으로 고민하는 것이 무엇보다 중요하다. 예를 들면, 사업전략을 수립하고 포트폴리오를 구성할 때는 어떻게 이해관계자와 공생할 수 있을지, 어떻게 강건한 산업생태계를 만들 수 있을지 등을 고민해야 한다.

이를 위해서는 먼저 정치, 경제, 산업 등 기업을 둘러싼 환경여건이 어떻게 변화하고 경쟁사는 어떤 방향으로 움직이는지를 면밀하게 파악하는 폭넓은 시각을 가져야 한다. 또 급변하는 환경 변화에 회사의 모든 조직이 협력하여 신속하게 대응할 수 있도록 조직 전체 관점에서 전략을 조율하고 최적화하는 것도 중요하다.

기업시민경영을 효과적으로 실천할 수 있도록 한정된 자원을 효율적으로 배분하고 운영하는 것, 그리고 기업시민경영의 추진방향에 부합하는 내용의 KPI(핵심성과지표)를 수립하고 경영목표 달성을 점검하는 활동도 전략·재무 부서에게 주어진 주요한 역할이다. 특히 최근에는 비재무적 요소인 ESG Environmental, Social and Governance (친환경, 사회적 책임경영, 지배구조 개선)에 대한 사회적 요구가 증대하고 있으므로, 전 구성원이 업무에서 ESG를 포함한 성과를 창출할 수 있도록 미래 방향을 설정하고 성과를 관리하는 것이 중요하다.

전략을 실행하거나 사업을 추진할 때에는 투자사업에 대한 타당성 평가 및 게이트 리뷰Gate Review를 실시하여 ESG 관점을 포함한 다양한 리스크 요인들을 면밀하게 점검하고 대비해야 한다. 나아가 회사가 창출한 기업시민가치를 정확히 측정하고 그 성과에 대해 투자자, 평가기관 등 이해관계자와 충분히 소통해야 한다. 소통할 때에는 회사가 나아가고자 하는 방향과 그 성과에 대한 공감을 이끌어 낼 수 있도록 긴밀하게 소통해야 한다.

전략·재무 기능에서 기업시민경영을 적용할 때 고려해야 할 영역을 정리하면 다음과 같다.

1) 경제적 가치와 사회적 가치를 함께 추구하는 경영전략 수립
2) 경제적·사회적 가치가 조화를 이루는 효율적인 자원배분
3) ESG 관점을 포함한 전사 리스크 관리
4) 경영성과 평가에 기업시민가치 반영

1) 경제적 가치와 사회적 가치를 함께 추구하는 경영전략 수립

과거에는 경영전략 수립의 목적이 주로 최대의 경제적 가치를 창출하는 방안을 찾는 데 집중돼 있었다. 그러나 기업시민경영을 추구하기 위해서는 먼저 전략 수립의 패러다임을 바꾸어야 한다. 최대의 경제적 가치를 창출하는 것뿐만 아니라 기업시민으로서 사회적 이슈를 해결하는 데 기여하고 산업생태계를 강건하게 하는 데 도움이 되는 방향으로 변화시켜야 하는 것이다. 경제적 가치와 사회적 가치를 함께 추구하면 회사의 브랜드 가치가 높아질 뿐 아니라, 다양한 이해관계자와 협력적 관계를 구축하는 데 도움이 된다. 따라서 결과적으로는 더 큰 경제적 가치를 창출해 낼 수 있는 기반이 마련된다.

지금까지는 대다수 기업들이 창업 당시의 국가적 요구와 시대적 소명에 따라 신속하게 생산능력을 높이고 효율성을 극대화하는 데 중점을 두어 왔다. 또 재무적 성과를 높이거나 양적 성장을 이루기 위해 기업의 경쟁력을 강화하는 활동에 치중해 왔다. 이러한 활동은 우리나라가 세계 10대 경제대국으로 성장하는 기반이 되었다. 기업이 사회의 기대에 부응하여 국가경제의 발전을 이끌어 가는 핵심적인 역할을 한 셈이다.

하지만 이제는 급속한 기술 발전과 소비자의 인식 변화로 인해 기업에게 거는 사회의 기대가 달라졌다. 과거와는 다른 새로운 전략이 요구되는 시점이 도래했다는 것이다. 이 같은 변화에 대응하기 위해서는 회사뿐 아니라 협력사, 고객사, 공급사 등 가치사슬value chain상의 이해관계자들과 함께 지속성장할 수 있는 전략을 수립하고 구체화해 나가야 한다.

사회적 변화에 부합하는 방향으로 비즈니스 전략을 수립하고 사업을 추진하기 위해서는 앞으로 사회가 필요로 하는 분야가 어떤 것인지 심도 있게 고민해야 한다. 그리고 이를 충족하는 비즈니스 포트폴리오를 구축할 수 있도록 장기적 관점에서 외부 전문가들과의 네트워크를 확대하고, 이를 통해 미래에 대한 통찰insight을 얻도록 노력해야 한다.

해외사업장을 운영하는 기업이라면 사업장이 있는 현지에서도 기업시민을 적극적으로 실천해야 한다. 또 해당 국가의 지역사회를 중요한 이해관계자로 인식하여 그들이 필요로 하는 사회적 가치를 제공하면서 동시에 회사의 비즈니스와 연계하는 방안도 찾아야 한다.

실천사례

미래 수소경제를 위한 그린수소 비즈니스 전략 추진

기후변화 대응이 인류의 생존을 위한 최우선 과제로 떠오르면서, 탄소저감은 매우 시급하고도 절박한 인류 공동의 문제가 되었다. 이에 글로벌 기업들은 2050년 혹은 그 이전까지 탄소중립을 달성하겠다는 목표를 수립하고 그 이행방안을 마련 중이다. 또 전기차, 재생에너지, 수소와 같은 청정에너지 비즈니스에도 적극적으로 참여하고 있다.

그중에서도 수소는 가장 유망한 차세대 청정에너지원으로 각광받고 있다. 우리나라만 해도 연간 수소 수요가 2030년 194만 톤, 2040년 526

만 톤으로 빠르게 증가할 것으로 예상된다. 수소의 활용 분야도 석유화학산업을 비롯하여 수송, 발전 등 다양하게 확대될 것으로 전망된다.

탄소중립 실현을 위한 인류사회의 공동 노력에 부응하여 포스코는 '수소경제를 견인하는 그린수소 선도기업'이라는 비전을 선포했다. 2050년까지 수소 500만 톤 생산체제를 구축하여 미래 청정에너지인 수소사업을 개척함으로써 탈脫탄소 시대를 선도하겠다는 의미를 담고 있다. 그린수소는 재생에너지만을 이용해 만드는 수소를 말한다. 그러므로 대표적인 에너지 다多소비 업종 가운데 하나인 철강산업 분야에서 그린수소를 활용해 탄소중립을 실현하겠다는 것은 매우 의미 있는 도전으로 평가할 수 있다.

포스코는 2021년 1월 CEO 직속으로 수소사업실 조직을 신설하고 그린수소사업을 본격화하고 있다. 이미 호주의 철광석 회사인 FMG와 신재생에너지를 활용한 그린수소사업에서 상호 협력하기로 약속하였고, 국내 유수의 연구소와도 수소 분야 연구협력 증진을 위한 업무협약을 맺고 수소사업 역량 확보에 나서고 있다. 또 해상풍력발전 세계 1위 업체인 덴마크 오스테드Orsted사와 MOU를 맺고 해상풍력발전단지 구축에 필요한 철강재 공급과 풍력발전을 활용한 그린수소 생산에 참여하기로 하는가 하면, 현대차, SK, 효성 등 국내 주요 기업들과 함께 수소기업협의체를 설립하기도 했다.

포스코는 수소 분야의 핵심기술과 생산역량을 조기에 확보하고, 수소사업을 그룹 성장사업의 한 축으로 육성하여 미래 수소시장에서 최대의 수소 수요업체이자 생산업체로 도약한다는 계획이다. 이에 따라 생산ㅡ

2021년 5월 포스코-오스테드 해상풍력 및 그린수소 사업 MOU 체결

운송−저장−활용으로 이어지는 수소생태계 전 과정에 필요한 강재 개발과 부생수소 생산설비 증대, 수소생산 핵심기술 개발 등 수소사업 역량 강화에 집중하고 있다. 또 그린수소의 유통 및 관련 인프라 구축, 각종 그린수소 프로젝트 참여 등을 통해 다양한 사업기회를 모색하면서 대규모 투자를 추진할 계획이다.

초기 사업으로는 제철소 지역에 수소충전소를 설치하는 등 인프라 구축에 중점을 두고 있다. 이어 철강 운송차량과 사내 업무용 차량을 수소차로 전환하는 등 철강물류 기반을 확충하는 방식으로 수소생태계를 육성하여 새로운 수소 수요를 창출해 나간다는 방침이다.

이와 함께 그룹 전체의 역량을 모아 수소 생산−운송−저장−활용으로 이어지는 전 주기에 대해 밸류체인을 추진하고 있다. 포스코인터내셔

그림 1-1 — 포스코 그린수소 사업모델

생산			운송·저장		활용	
태양광·풍력 전력 생산	수전해	암모니아 합성	운송	저장	암모니아 개질 (reforming)	수소 충전소
PosMAC 공급		그린 수소 ⊕ 질소			수소생산	수소발전 수소환원제철

널은 해외 네트워크를 활용해 정부의 수소 도입사업과 해외 수소 프로젝트에 참여한다. 또 포스코에너지는 수소 전용 터미널을 구축하는 동시에 현재 가동 중인 LNG터빈 발전을 2030년부터 단계적으로 수소터빈 발전으로 전환할 계획이다. 포스코건설도 수소도시 개발 프로젝트는 물론 수소의 저장과 이송에 필요한 프로젝트 시공을 담당하고 있다.

이처럼 포스코가 수소산업에 적극적으로 나서는 이유는 수소가 철강산업과 밀접하게 연관돼 있기 때문이다. 이미 포스코는 철강 생산공정에서 발생하는 부생가스COG와 천연가스를 이용하여 연간 7천 톤의 수소를 생산하는 능력을 갖추고 있다. 또 약 3,500톤의 부생수소를 추출해 제철공정 내 온도조절과 산화방지 등에 사용하고 있다. 탄소배출이 없는 제철소를 만들기 위해 개발 중인 '수소환원제철' 공법을 통해서도 머지않아 코크스 대신 수소를 환원제로 사용하게 될 것이다.

수소산업은 새로운 특수 철강재의 수요처이기도 하다. 수소산업생태계가 발전하기 위해서는 수소 수송에 사용되는 특수 고압강관, 액체수소 저장을 위한 극저온강, 내식성과 전도성이 뛰어난 수전해 분리판 및 연료전지 분리판, 내부식성이 뛰어난 해상풍력발전기용 특수 철강 등 각 용도에 적합한 철강재를 개발하여 공급해야 한다.

이미 포스코는 수소의 생산과 이용에 필요한 철강재 공급 능력을 갖추고 있다고 볼 수 있다. 세계 최초로 수소 연료전지 분리판용 철강제품을 개발해 국내에서 생산되는 수소 자동차에 공급한 것이 그 예이다. 수소산업에는 다양한 종류의 특수 철강재가 필요하기 때문에, 수소산업이 발전할수록 포스코가 개발·생산하게 될 특수 철강재의 수요는 더욱 늘어날 전망이다.

2) 경제적·사회적 가치가 조화를 이루는 효율적인 자원배분

기업의 재무활동은 한정된 자원을 효율적으로 배분하고, 목표관리를 통해 운영을 최적화하며, 내·외부 이해관계자에게 투명한 재무정보를 제공하여 기업가치를 극대화하는 것이라 할 수 있다.

어느 기업이든 활용 가능한 자원은 한정되어 있다. 따라서 기업이 원하는 경영목표를 달성하려면 제한된 자원을 적재적소에 배분하여 효율을 극대화해야 한다. 과거 전통적인 자본주의 시대에는 자원배분 기준이 재무적 측면의 수익성, 운영 측면의 효율성과 경쟁력 강화에 있었다. 하지만 요즘과 같은 이해관계자 자본주의 시대에는 다양한 이해관계자의 요구를 반영하고 이들과의 공생을 추구하는 사회적 가치도 함께 고려하여 자원을 배분해야 한다. 경제적 가치와 사회적 가치를 동시에 지향하는 균형 있는 자원배분은 궁극적으로 더 큰 경제적 가치 창출로 이어져 지속성장의 토대가 될 것이다.

배분된 자원으로 최대의 가치를 창출하기 위해서는 원가개선이 필수이다. 따라서 전 부문이 원가절감에 대한 공감대를 바탕으로 도전적인 원가목표를 수립하고, 비용이 발생하는 각 단계별 프로세스를 원점에서 점검하여 구조적인 낭비요소를 제거함으로써 실질적인 원가개선이 이루어지도록 해야 한다. 이를 위해서는 현장에서 쉽게 활용할 수 있는 제도와 시스템이 뒷받침되어야 한다.

경영활동을 통해 창출한 성과는 정확하게 기록하고 외부 이해관계자들이 의사결정을 하는 데 유용하게 활용되도록 투명하게 공개하는 것도 중요하다. 모든 자원이 회사가 추구하는 전략에 부합되게 활용되었는지 모니터링하고, 그 결과가 재무제표에 투명하고 정확하게 반영되도록 내부의 회계관리제도를 더욱 내실 있게 운영해야 한다. 특히 자금 조달과 운용에 있어서는 기업이 가진 사회적 가치 창출이라는 역할을 강조하면서 ESG펀드 운영 등을 확대해 나가는 금융시장의 새로운 변화에 맞춰 적극 대응해야 한다.

실천사례

적극적 환경투자 및 안전예산 패스트트랙

포스코는 예산을 편성하고 집행하는 과정에서, 당장의 경제적 가치를 창출하는 데 크게 기여하지 않더라도 이해관계자들과의 지속가능한 성장기반을 구축하는 데 도움이 되는 활동에 자원을 배분함으로써 경제적·사회적 가치가 최적화되도록 노력하고 있다. 예를 들어, 온실가스 감축을 위해 LNG발전의 효율 개선, 수소환원제철 프로세스로의 전환 등의 혁신기술 개발을 추진하고, 대기오염물질 배출을 저감할 수 있도록 소결공장과 부생발전에 탈질설비를 추가하는 등 환경투자에도 예산을 확대하고 있다.

또한 회사가 최우선 가치로 추구하는 안전 분야에서는 '안전예산 집행 패스트트랙' 제도를 도입해 사업장 안전을 강화했다. 패스트트랙Fast Track 은 '목표를 달성하기 위한 빠른 길'이라는 뜻으로, 일을 신속하게 처리하는 절차를 말한다.

일반적으로 예산 업무는 검토 단계부터 집행 단계까지 장기간이 소요된다. 하지만 포스코는 안전설비 개선, 보호구 마련 등 안전사고 예방을 위한 예산은 현장의 수요에 따라 우선 집행하고 사후 점검하는 방식으로 전환했다. 안전 분야에 대한 예산 집행을 최우선순위로 삼고 있다는 것이다. 이와 함께 현장의 안전 취약시설을 조기 발견하여 수리하고 관련 인프라도 사전 구축하는 등 재해예방에 만전을 기함으로써 안전한 근무환경을 조성하는 데에도 예산을 적극 지원하고 있다.

한편, 협력사 직원들의 작업환경과 복리후생 개선을 위해 안전보호구 지원, 휴게시설 확충, 휴양시설 및 자녀보육시설 공유 등을 제도적으로 지원함으로써 기업의 사회적 책임을 다하고 건강한 산업생태계를 조성하는 활동에도 예산배분을 확대하고 있다.

친환경 및 사회문제 해결에 투자하는 ESG 채권 발행

포스코는 2019년 8월 세계 철강사 중 최초로 5억 달러의 ESG채권을 발행한 데 이어 2020년 1월에도 한국 민간기업 최초로 5억 유로EUR 규모의 ESG채권 발행에 성공했다. ESG채권은 환경, 사회문제, 지배구조 개선에 필요한 자금조달을 목적으로 발행하는 채권을 말한다. 사용목적에 따라 녹색채권Green Bond, 사회적채권Social Bond, 지속가능채권Sustainability Bond으로 나뉜다.

이 중 녹색채권은 재생에너지, 전기자동차, 고효율 에너지 등 환경보존을 위한 친환경 프로젝트에 필요한 자금을 조달하기 위해 발행하는 특수목적 채권이고, 사회적채권은 중소기업 지원, 일자리 창출, 취약계층 지원, 사회인프라 구축 등 사회문제 해결에 필요한 자금을 조달하기 위한 특수목적 채권이다. 또 지속가능채권은 녹색채권과 사회적채권이 결합된 형태의 채권으로, 환경 및 사회문제를 포함한 다양한 목적으로 조달자금을 사용할 수 있다는 장점이 있다.

포스코가 발행한 ESG채권은 지속가능채권이다. 포스코는 이를 통해 조달한 자금 중 3억 6,700만 유로를 리튬 개발과 양극재 생산시설 증설 등 전기차 배터리 관련 친환경 프로젝트에 투자했다. 또 사회적 소외계층을 지원하는 분야에도 2,100만 유로를 사용하여 313명의 장애인을 고용하는 효과를 창출했다.

포스코는 ESG채권 발행을 통해 글로벌 금융시장 참여자들로부터 친환경 및 사회문제 해결에 책임을 다하는 모범적인 철강사라는 찬사를 받았다. 또 이를 계기로 세계적인 ESG 전문투자자들의 높은 관심을 받으며 홍콩의 금융전문잡지 〈디 에셋The Asset〉이 발표한 '2020년 트리플 A 컨트리 어워즈Triple A Country Awards (North Asia)'에서 '최우수 지속가능채권Best Sustainability Bond (기업부문)'으로 선정되기도 했다.

3) ESG 관점을 포함한 전사 리스크 관리

어느 기업이나 사업을 추진하는 과정에서 종종 내·외부의 다양한 리스크에 직면하게 된다. 이 때문에 기업들은 리스크 관리에 각별한 노력을 기울인다.

기업시민 관점에서 보면 리스크 관리는 특히 더 중요하다. 회사는 홀로 존재하는 것이 아니라 사회와 공존하는 존재로 인식하기 때문이다. 리스크로 인해 회사가 어려움을 겪게 되면 단순히 회사만의 문제에 그치지 않고 회사가 속한 지역사회와 공급사, 협력사, 고객사 등 이해관계를 같이하는 비즈니스 파트너들 모두가 크고 작은 영향을 받게 된다.

때문에 리스크에 대비하여 사회와 공존하면서 지속적인 번영을 이루기 위해서는 게이트 리뷰, 사업 이슈 점검, 진단 등을 통해 비즈니스 리스크를 체계적으로 관리하는 것이 중요하다. 특히 최근 기업경영의 필수 의제로 부상한 ESG 관점을 리스크 관리에도 반영해야 한다. 전략·재무 부서는 회사의 경영활동에서 ESG 관점의 성과가 창출되고 있는지 점검하는 것은 물론 부정적 이슈가 발생하지 않도록 사전에 ESG 리스크를 관리하는 것이 중요하다. 최근의 투자자들은 기업에게서 발생할 수 있는 ESG 리스크에 관심이 높다. 그들은 과거 어느 때보다도 철저하게 ESG 리스크를 관리할 것을 기업에게 요구한다.

세계 곳곳에서 사업을 추진하고 있는 기업이라면 모든 사업장에서 ESG 성과를 창출하고 관련 이슈를 관리하는 것이 매우 중요하다. 여러 사업장 중 한 곳에서라도 ESG 관련 이슈가 발생한다면 이는 회사 전체의 평판에 부정적 영향을 미치고, 자칫 기업시민경영에 대한 기본적 신뢰를 훼손하는 결과를 가져오기도 한다. 심지어 지속가능투자에 관심이 높은 해외 투자자들이 투자를 철회하는 등 더 큰 이슈로 확대될 수도 있다.

그러므로 환경이나 인권 등의 이슈가 발생하지 않도록 외부 전문기관의 인증을 적극적으로 활용하여 비즈니스와 관련된 위험요인들을 철저히 점검하고 진단하는 노력이 필요하다. 만약 리스크가 일시적인 것이 아니라 상당 기간 지속될 것으로 예상되는 경우에는 해당 사업을 지속해야 하는지 여부에 대해서도 면밀하게 점검하고 냉철하게 판단해야 한다.

이해관계자와의 갈등이 불가피하게 분쟁으로 확대될 경우에는 이를 중재하고 조정할 수 있는 법률적 지원도 필요하다. 경영활동을 전개하는 과정에서 시장질서를 유지하고 중소기업과 상생할 수 있도록 기본적인 법질서를 존중해야 하는 것은 지극히 당연하다. 이를 위해 법적 분쟁이 발생하기 전에 조직 내부의 준법감시legal compliance

프로그램을 통해 미리 감지하고 이해관계자와 조율하려는 노력이 선행되어야 한다.

이러한 노력에도 불구하고 사업영역 확대, 신규 투자, 구매와 판매를 위한 계약 등 각종 경영활동 과정에서는 종종 예기치 않게 법적 분쟁이 발생하는 경우가 있다. 이럴 때에는 전문적인 법률자문을 제공하고 진단을 통해 더 나은 대안을 제시하는 한편, 변화하는 법령 정보도 적시에 제공하여 안정적인 경영이 가능하도록 지원해야 한다.

불가피하게 분쟁이 발생하여 법적 대응을 하게 되었다면 이해관계자에게 책임 있는 행동을 보임으로써 신뢰관계가 지속되도록 해야 한다. 그러자면 단기적 관점보다는 장기적 관점을 고려하여 대응하는 것이 중요하다. 법적 대응 시 단기적 관점으로 회사의 이익만을 고려한다면 당장은 회사에 유리할지 모르지만 자칫 환경, 인권, 공정거래와 같은 사회적 가치를 훼손하여 장기적으로는 회복하기 어려운 신뢰 하락을 가져올 수도 있다. 그러므로 법적 분쟁이 발생한 경우에도 장기적 관점에서 모든 이해관계자의 입장과 이익을 공정하고 투명한 절차를 통해 중재·조정함으로써 상생을 위한 조력자 역할을 다해야 한다.

체계적인 전사 ESG 이슈 관리

포스코는 중대성평가materiality assessment를 통해 ESG 관점의 주요이슈들을 점검하고 이를 종합하여 기업시민보고서를 통해 공시하고 있다. 2020년 1월에는 국내 최초로 ESG 전담조직을 발족하는 등 철강업계뿐 아니라 산업계 전체의 변화를 선도하기 위해 노력하고 있다.

투자를 단행할 때는 ESG 관점에서 투자에 대한 리스크를 사전 관리할 수 있도록 제도화하고 있다. 즉, 투자검토 초기단계부터 제안부서가 기업의 사회적 책임 이행, 환경법규 준수 여부, 오염물질 방지시설의 적합성 등을 사내 전문부서와 협의한 후 투자계획에 반영하도록 '투자관리규정'에 명시하였다. 투자심의 단계에서도 ESG 리스크를 중요한 투자관리

그림 1-2 — 포스코 중대성평가

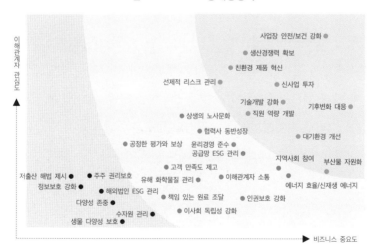

항목의 하나로 설정하여 사내 전문부서의 참석을 의무화했고, 투자가 진행 중이더라도 ESG 관련 이슈가 발생할 경우 사업의 지속 여부를 판단하기 위한 게이트 리뷰를 실시하도록 했다.

그룹의 중기 포트폴리오 전략방향을 수립하는 과정에서도 사업의 성장성, 수익성과 함께 해당 사업이 기업시민 경영이념에 부합하는지에 대한 가치적합성을 중요하게 검토한다. 아무리 수익성이 높고 트렌드에 부합하는 사업이라도 사회적 가치를 높이지 못하거나 이해관계자 관점에서 부정적 이슈가 될 소지가 다분하다면 이는 포스코가 추구하는 기업시민 경영이념에 맞지 않는 것으로 판단한다. 이럴 때는 투자를 재검토하여 그룹의 사업 포트폴리오를 조정하도록 하고 있다.

4) 경영성과 평가에 기업시민가치 반영

회사가 추구하는 목표와 달성 정도를 판단하는 성과지표 중 대표적인 것이 바로 KPI Key Performance Indicator이다. 지금까지 KPI는 재무적 성과나 양적 성과 등 주로 정량적 업무활동의 결과물을 중심으로 활용돼 왔다. 이는 기업들이 지금의 경쟁력을 형성하는 데 큰 역할을 했다. 그러나 기업시민이 기업경영의 새로운 이념으로 자리 잡은 지금 상황에서는 KPI에 기업시민 경영이념을 얼마나 충실하게 실천하고 있는가를 반영하는 것이 필요하다.

진정한 기업시민으로 나아가는 여정은 결코 간단치 않다. 회사 내 모든 부서들이 한마음으로 각자 업무에서 기업시민을 실천하고 그 성과들이 한데 모일 때 비로소 가능해진다. 마치 양궁 경기에서 과녁과 시선을 일렬로 조준하고 화살의 방향과 양손의 수평을 일치시켜야 정확하게 과녁을 맞힐 수 있는 것과 같다. 따라서 각 부서의 KPI를 설정할 때에도 해당 부서 업무에서 기업시민경영을 구현하는 활동들을 반영할 수 있도록 관련 지표들을 발굴하는 것이 중요하다.

KPI에 재무적 성과뿐 아니라 사회와의 공생가치를 창출한 성과를 반영하는 것은 기업의 지속가능한 성장과 번영에도 도움이 된다는 연구결과가 있다. 실제로 미국 S&P500 기업들을 분석한 결과, 경영진의 성과지표로 사회적 책임 관련 지표를 반영하는 기업의 비율이 10년 새 약 3배 이상 증가했고, 이러한 지표를 도입한 기업들의 경영성과가 더 뛰어나고 기업가치도 높은 것으로 나타났다.

대외적으로는 사회적 가치 창출을 위해 투입한 회사의 노력과 그 성과를 투자자 및 평가기관들과 충분히 소통하여 회사의 브랜드를 높이고 기업가치를 올바르게 평가받을 수 있도록 해야 한다. 주주자본주의 시대에 IR Investor Relations의 역할은 재무성과를 잘 설명하여 우수한 신용등급을 유지하고 기업가치를 제대로 인정받는 데 있었지만, 이제는 재무적 성과뿐 아니라 기업이 사회적 가치 창출에 기여한 성과도 효과적으로 알리는 것이 매우 중요하다.

이를 위해서는 먼저 기업시민가치 CCV; Corporate Citizenship Value 측정체계를 마련하고, 경영활동을 통해 창출한 기업시민가치를 객관적이고 공정하게 측정해야 한다. 또 기업시민경영이 조직 전반에 내재화될 수 있도록 경영목표 및 성과평가에도 반영해야 한다. 대내외 이해관계자들에게도 기업시민경영 실천을 통해 창출한 성과와 측정된 기업시민가치를 효과적으로 전달해야 한다.

실천사례

탄소중립 달성 전사 로드맵 발표

포스코는 2050 탄소중립, 사업장 안전관리 등 기업시민 관점의 주요 과제를 중기전략과 KPI에 반영하여 그룹 차원의 중요한 의제agenda로 관리하고 있다. 2050 탄소중립 달성을 위해서 사업장 감축 목표를 2030년 10%, 2040년 50% 설정하여 기후변화에 선도적으로 대응하고 있다. 또한 사업장 감축과 병행하여 저탄소 제품, 부산물 자원화 등을 통한 사회적 감축(2030년 10%)도 추진하고 있다.

그림 1-3 — 2050 포스코 탄소중립 비전

경영진 및 임원 평가체계에 기업시민 성과 반영

포스코는 2021년 3월 주주총회 결의를 거쳐, 경영진이 중요한 의사결정을 내릴 때 기업시민 경영이념을 체계적으로 반영할 수 있도록 이사회 산하에 ESG위원회를 신설했다. ESG위원회는 회사의 환경 및 기후변화 관련 저탄소 정책 논의, 안전·보건 관련 계획의 사전 심의, ESG 관련 이행 모니터링 및 보고서 발간 등 ESG 관련 주요 정책을 심의하고 관리하는 역할을 맡고 있다. 이와 함께 철강사에게는 매우 중요한 과제인 탄소중립 달성 추이를 이사회 수준에서 관리하기 위해 ESG위원회 내에 환경전문가를 신규로 선임했다.

포스코는 이보다 앞선 2019년 3월 CEO 직속 자문기구로 외부전문가가 중심이 된 기업시민자문회의를 발족한 바 있다. 기업시민자문회의는 기업시민 전략 및 대표 활동방향에 대한 자문, ESG 트렌드 변화에 대한 제언, 기업시민활동의 성과 점검 및 산업안전보건 관련 이슈 대응·예방 등의 역할을 수행한다. 또 이해관계자를 비롯한 외부의 다양한 목소리를 포스코에 전달하는 동시에 포스코의 기업시민활동을 대외적으로 널리 알리는 역할도 맡고 있다.

이 밖에도 포스코는 기업시민 경영이념 내재화를 위해 2020년부터 그룹 전 임원이 자신의 업무영역에서 기업시민 전략과제를 발굴하여 KPI로 설정하도록 제도화하고 이를 인사평가에 반영한다.

경영·재무 관점의 기업시민경영 실천 핵심 포인트

1. 경제적 가치와 사회적 가치를 함께 추구하는 중장기 전략을 수립하고 이에 맞는 사업 포트폴리오를 구축한다.
2. 사회적 요구를 반영하여 효율적으로 자원을 배분하고 정확한 재무정보를 제공한다.
3. 신규 투자 사업은 물론 운영 중인 사업에 대해서도 ESG 관점이 포함된 타당성 평가를 통해 사업·재무·법적 리스크를 중점 관리한다.
4. 모든 경영활동이 회사 전체의 최적화 관점에서 운영되도록 조정하고, 기업시민경영 실천을 촉진할 수 있는 KPI 지표를 개발하여 평가에 반영한다.

공생가치를 창출하는 신성장 사업을 발굴·육성하라

지금까지 기업이 신성장 사업을 추진할 때에는 얼마나 많은 이윤을 추가적으로 창출할 수 있는지에 주목하는 것이 일반적이었다. 따라서 매력적인 신사업 아이템이란 비용을 지불할 용의가 있는 고객층이 두텁고 시장의 잠재적 성장성이 높은 비즈니스를 의미했다.

하지만 이제는 달라졌다. 기업시민으로서 추구하는 신성장 사업은 사회적 가치를 함께 만들어 낼 수 있는 분야여야 한다. 인류의 번영과 더 나은 세상의 창조에 기여할 수 있는 영역에서 사업 기회를 찾아, 회사의 이윤 창출에도 도움이 되고 사회에도 이득이 되는 윈-윈형 비즈니스 모델을 추구해야 한다는 것이다. 이를 통해 공생가치를 창출하고 회사의 지속성장을 이끄는 것이야말로 기업시민이 추구하는 바람직한 신성장 사업이라고 할 수 있다.

신성장 업무는 비즈니스 발굴, 육성, 사업화의 3단계로 나누어 살펴볼 수 있다. 먼저 발굴 단계에서는 사회적 임팩트, 즉 사회에 미치는 영향의 크기와 더불어 기업의 지속가능한 성장 전략에 부합하는지 여부를 면밀히 짚어 봐야 한다. 육성 단계에서는 기업 내부

뿐 아니라 외부의 다양한 이해관계자들과 공생의 생태계를 구축하면서 비즈니스를 키워 나가는 것이 중요하다. 예를 들어 기업 내부의 자원과 역량을 가지고 단독으로 사업을 추진하기보다 벤처 플랫폼과 연계하여 비즈니스의 사회적 임팩트를 높이는 방식을 생각해 볼 수 있다. 마지막으로 사업화 단계에서는 미래의 산업생태계를 고려한 개방적 협력과 도전적 조직문화 조성을 염두에 두어야 한다.

신성장 부서에서 기업시민경영을 적용할 때 고려해야 할 영역을 정리하면 다음과 같다.

1) 지속가능한 성장을 창출하는 신사업 발굴
2) 벤처 플랫폼을 활용한 신성장 사업 육성
3) 미래 산업생태계를 고려한 사업화

1) 지속가능한 성장을 창출하는 신사업 발굴

기업시민의 관점에서 신성장 사업을 발굴할 때 가장 중요하게 고려해야 할 요소는 미래사회의 변화에 부응하는 성장성, 그리고 인류와 사회의 발전에 공헌하는 공공성이다. 이를 통해 기업과 사회가 함께 발전하면서 새로운 가치를 창출할 수 있는 모델을 만들어야 한다.

지속가능한 성장을 위해서는 먼저 사회와 기술, 경제, 환경, 정치 등 다양한 영역에서 시대를 움직이는 거대한 변화의 흐름을 탐색하는 것이 필수적이다. 이를 위해서는 장기적인 관점에서 ① 사회

대전환의 흐름과 삶의 방식, 일하는 방식의 변화, ②AI, 로봇, 모빌리티 등의 기술혁신, ③지구온난화, 고령화, 양극화, 전염병 같은 사회적 이슈 등의 시대적 변화를 민감하게 포착하고 근본적인 동인動因을 이해한 후 이를 바탕으로 미래를 예측할 수 있어야 한다.

이를 바탕으로 사회공동체에서 일어나는 거대한 메가트렌드를 통찰insight하여 새로운 가치를 만들어 내는 신사업을 발굴하고, 사회문제를 해결할 수 있는 솔루션도 함께 제공함으로써 회사와 사회 모두에게 더 나은 미래와 더 큰 가치를 만들어 내는 것이 진정한 의미에서 지속가능한 기업시민의 신사업 발굴이라고 할 수 있을 것이다.

기업마다 이미 확보한 우수한 경쟁력을 바탕으로 영위하는 본업本業이 있고 차별화된 핵심역량이 있다. 그러므로 우리 회사가 강점을 가지고 있는 요소, 즉 사업분야나 기술, 시장, 역량 등을 최대한 활용하여 미래사회가 나아가는 방향에 기여할 수 있는 것이 무엇인지를 고민해 보는 것은 하나의 좋은 출발점이 될 수 있을 것이다. 이 과정에서 선택한 영역이 있다면 그 영역 내에서 우선적으로 구체적인 신사업 아이템을 발굴하여 관리하고 이에 맞춰 중장기 사업 포트폴리오를 수립하면, 전략의 일관성을 갖추면서도 추진 가능한 비즈니스를 구체화할 수 있을 것이다.

다만 개별 아이템 단위로 신사업을 찾는 것이라면 성장성뿐만 아니라 기업시민 경영이념에 부합하는지를 검토하여 발생 가능한 리스크를 최소화해야 한다. 이미 선정된 사업 아이템이라 하더라도 경영환경의 변화를 반영하여 지속적으로 재검증하고 사업 추진 여부를 판단한다면 리스크를 효과적으로 관리할 수 있을 것이다.

실천사례
미래 사회에 기여할 수 있는 신성장 도메인 선정

포스코는 그룹의 성장전략과 기업시민 경영이념에 부합하는 신성장 도메인Domain을 설정했다. 그룹의 미래 먹거리가 될 신성장 도메인을 선정할 때는 글로벌 트렌드, 포스코의 보유 역량, 그리고 인류사회 발전에 공헌하는 공공성 등을 반영한 가치적합성을 중요한 기준으로 적용했다.

현재 포스코의 신성장 도메인은 대부분 우리 주변의 사회문제를 해결하고 사회구성원의 요구를 해소하는 방향으로 추진되고 있다. 이차전지 소재, 수소 등 4차 산업혁명의 핵심사업이거나 국가 차원에서 미래 먹거리로 육성하고자 하는 분야들이다. 과거에 철강으로 한국사회의 산업화 요구를 충실히 뒷받침한 것처럼, 지금 포스코가 추진하는 신성장 사업은 미래 한국사회를 뒷받침할 유망사업에 집중하는 것이다.

대표적인 것이 이차전지이다. 미래사회의 특징 가운데 하나는 신新모빌리티 시대라는 것인데, 이러한 신모빌리티 시대의 주역은 단연 이차전지이다. 포스코는 이미 이차전지 소재를 신성장동력으로 선정하여 선제적으로 상용화했다. 그동안 우리나라는 리튬, 니켈, 양극재, 음극재 등 배터리 소재 분야의 산업기반이 취약한 편이었으나, 포스코가 과감하게 설비투자 및 기술개발을 추진함으로써 이차전지 업체들의 조업을 안정적으로 지원할 만큼 사업 기반을 구축했다. 미래사회의 트렌드를 보고 선제적으로 투자하여 국내 고객사들이 기대하는 원료·소재 공급선 안정화를 뒷받침한 것이다. 나아가 중장기 국가산업의 균형 잡힌 발전에도 기여하고 있다.

2) 벤처 플랫폼을 활용한 신성장 사업 육성

신사업 아이템을 발굴하여 선정한 다음에는 비즈니스 모델을 구체화하고 사업을 추진, 육성하는 단계에 진입한다. 이때에는 그린필드Greenfield, M&A, 합작투자, 벤처투자 등 가능한 모든 사업진출 방식에 문을 열어 놓고 사업 아이템 특성에 맞는 최적의 방식을 선택해야 한다.

이 중 벤처밸리 구축과 벤처펀드 조성은 신성장 사업의 중요한 발판이다. 4차 산업혁명 시대의 도래와 함께 산업 각 분야에서 '파괴적 혁신'이 이루어지고 있는데, 이러한 변화는 사실상 벤처기업들이 주도하기 때문이다.

FAANGFacebook, Apple, Amazon, Netflix, Google은 이른바 미국 증시에서 잘나가는 시가총액 상위 10위권의 IT 기업들을 일컫는 말이다. 이들은 단순히 규모만 큰 것이 아니라 전 세계를 움직이는 위력을 가졌다고 해도 과언이 아니다. 이들 회사들은 IT를 기반으로 새로운 서비스를 제공하는 기업들이란 점 외에도 1990년대 이후 벤처기업으로 출발했다는 공통점을 갖고 있다.

이제 벤처는 일부 사람들의 실험장 수준이 아니라 우리 사회와 경제에서 큰 비중을 차지하며 세계 산업의 변화를 이끌어 가는 중심축으로 자리 잡았다. 미국 증권시장 시가총액 가운데 57%가 벤처로 시작한 기업들이 차지하고 있다는 게 단적인 예이다. 이들은 또한 미국 총고용의 35%를 담당한다. 우리나라의 상황도 크게 다르지 않다. 2019년 말 기준으로 국내 벤처기업 수는 3만 6천여 개에 이른다. 이들 기업의 총매출은 192조 원으로, 삼성의 매출액 267조 원에 이어 재계 2위에 해당하는 규모다.

벤처가 우리 사회에 중요한 또 다른 이유는 바로 일자리에 있다. 2020년 상반기까지 국내에서 벤처기업을 통해 창출된 일자리는 누적 66만 8천여 개에 달한다. COVID-19 팬데믹으로 인해 채용과 실업률이 악화하는 상황에서도 2020년 상반기에 벤처기업이 새로 만든 일자리가 1만 개를 넘어섰다. 국민경제에 미치는 영향이 막대할 뿐만 아니라 일자리 창출 측면에서도 사회적 임팩트가 점점 커지고 있다는 이야기다.

그러므로 누가 벤처를 '먼저 알아보고 빠르게 선점'하느냐가 앞으로의 지속성장과 생존에 큰 영향을 미치게 될 것이다. 하지만 우리나라에서 벤처가 창업하여 3년간 생존하는 비율은 38%에 불과하다. 그나마도 역량이 부족하여 창업 단계에 이르지 못하고 이공계 실험실에서 사장되는 아이디어와 기술이 부지기수다.

이러한 아이디어와 기술이 사장되지 않고 벤처라는 형태로 발전하고, 나아가 시장에서 생존하고 성장하는 것은 사회적으로도 큰 의미가 있다. 개인에게는 누구에게나 기회가 있다는 희망을 주고, 사회적으로는 공동체 발전에 도움이 되는 새로운 아이디어들을 끊임없이 생성하는 일이기 때문이다. 궁극적으로는 지속가능한 사회로 발전하는 토대를 닦는 일이기도 하다는 것이다. 따라서 기업이 벤처를 잘 육성하고 이들과 파트너십을 구축하여 새로운 산업생태계를 함께 조성해 나가는 것은 결국은 사회적 가치를 창출하는 일이라고 할 수 있다.

하지만 사업전략 관점에서 봤을 때는 시대적 흐름에 부합하는 훌륭한 신성장 사업 육성전략이라는 점도 간과할 수 없다. 기업이 추구하는 신성장 전략과 연계한 미래가치를 선제적으로 포착하고 이와 관련한 벤처를 발굴하여 유니콘 기업으로 성장시킨다면, 해당 기업은 새로운 성장엔진을 확보하는 셈이 되기 때문이다. 이에 더해 지역경제 활성화와 청년 일자리 창출에도 기여하면서 ESG 관점의 성과와 기업시민 관점의 사회적 임팩트도 지속적으로 높여 나갈 수 있다.

이러한 그림을 완성하려면 크게 두 가지가 필요하다.

먼저, 새로운 아이디어를 도출하고 생각이 발전할 수 있도록 다양한 이해관계자들이 함께 모일 수 있는 공간이 필요하다. 산업계는 물론 학계와 연구기관들이 부담 없이 모일 수 있는 공간이 마련되어야 서로 소통하고 생각을 공유하며 새로운 비즈니스 기회를 발굴하여 발전시켜 나갈 수 있다.

두 번째는 우수한 아이디어가 비즈니스로 구체화되고 기업 형태로 성장하는 과정에서 지쳐 쓰러지지 않고 무사히 죽음의 계곡Death Valley을 통과할 수 있도록 지속적으로 에너지원을 공급해 주는 것이다. 그것은 자금을 지원하는 방식이 될 수도 있고, 경영에 필요한 역량을 강화해 주거나 멘토링을 제공하는 방식이 될 수도 있다.

실천사례

스타트업 인큐베이팅을 위한 체인지업그라운드 조성

포스코는 기업시민 경영이념을 선포한 이후 새로운 성장엔진을 발굴하는 방안의 하나로 '벤처 플랫폼 구축' 사업을 적극적으로 추진하고 있다. 이 사업의 일환으로 최근에는 창업한 벤처기업들의 인큐베이팅 공간인 '체인지업그라운드'를 조성해 화제가 되었다. 2020년 7월 중소벤처기업부와 협력하여 서울 강남구 팁스타운TIPS Town에 '체인지업그라운드 서울'을 처음으로 런칭했고, 2021년 7월에는 두 번째로 '체인지업그라운드 포항'을 개관했다.

체인지업그라운드에 입주한 기업들은 국내는 물론 미국 등 글로벌 증시에 상장하는 것을 목표로 한다. 포스코는 이처럼 큰 꿈을 가진 신생 벤처기업들이 장차 글로벌 벤처기업으로 도약할 수 있도록 '스타트업 서포트 프로그램Startup Support Program'이라는 이름으로 창업보육, 판로지원, 투자연계, 네트워크 등 4가지 분야로 나눠 지원하고 있다.

체인지업그라운드 서울의 경우 바이오, AI, 에너지, 의료 등 다양한 분야에 걸쳐 11개 스타트업이 입주해 있다. 입주한 기업들은 전문 컨설팅과 멘토링을 받고 있다. 또 팁스타운 최초로 영상촬영이 가능한 스튜디오와 편집실 공간을 제공하여 쉽고 편리하게 뉴미디어 채널을 통한 기업홍보도 할 수 있다. 세미나실, 이벤트홀 등의 공용공간에서는 다양한 교육과 IR, 네트워킹 행사 등을 진행할 수 있다. 어느 정도 성장하여 자

체인지업그라운드 서울 전경(위)과 내부(아래)

립의 기반을 마련한 기업들은 투자 유치와 아이디어 공유를 위한 아이디어마켓플레이스IMP, 벤처밸리 Biz-Day 등 정기 이벤트에도 참가한다.

'체인지업그라운드 포항'은 지상 7층, 지하 1층에 연면적 2만 8천 제곱미터에 달하는 대규모 시설이다. 각 층별로 각기 다른 테마로 운영되는데, 2021년 10월 76개 기업이 입주 중에 있다. 이 기업들 역시 저마다 미국 실리콘밸리에 필적하는 유니콘 기업을 꿈꾸고 있다. 사업영역은 기계·소재, 전기·전자·반도체, 정보통신·소프트웨어, 바이오·의료, 화학·에너지·자원 등 다양한 분야에 걸쳐 있다. 분야는 다양하지만 입주기업들은 대한민국의 미래를 짊어질 탄탄한 기술력을 보유하고 있다.

수도권 외 지역에서 체인지업그라운드의 거점을 포항으로 정한 것은 포항의 입지조건이 그만큼 유리하다고 판단했기 때문이다. 사실 벤처기업들을 위한 인큐베이팅에서는 '얼마나 더 높은 생각과 기술에 연결될 수 있는가, 실제로 구현할 수 있는 인프라를 갖췄는가'가 매우 중요한 기준으로 작용한다. 그런 의미에서 포스코는 포항이 최적의 장소라고 판단했다. 포항은 최고의 연구기관인 포스텍을 중심으로 벤처 육성을 위한 다양한 인프라가 이미 준비되어 있어 스타트업들에게는 하나의 클러스터가 될 수 있기 때문이다. 특히 신물질·신약 연구나 거대한 데이터센터를 필요로 하는 AI 연구에서는 포스텍이 체인지업그라운드의 든든한 후원자가 될 수 있다. 포스텍이 축적해 둔 연구성과는 체인지업그라운드 입주사들이 기술적 문제를 해결하는 데 중요한 참고서가 될 수도 있다는 뜻이다.

체인지업그라운드 포항 전경(위)과 내부(아래)

우수 벤처 육성을 위한 벤처펀드 운영

포스코는 미래 유망산업을 선제적으로 센싱sensing하고 신사업 후보로서의 잠재력을 갖춘 우수 벤처를 지원할 목적으로 '벤처펀드'를 운영한다.

포스코의 벤처펀드는 '전주기－글로벌－선순환'이라는 원칙 아래 운영되고 있다. '전주기'란 창업 초기 시드seed 단계의 스타트업부터 상장기업에 이르기까지 벤처기업의 성장단계별 전全 주기에 걸쳐 투자가 가능하도록 운영한다는 뜻이다. 포스코는 국내외 최고의 투자운용사들과 함께 펀드를 조성하여 투자한 기업의 성장과 글로벌시장 진출을 지원할 계획이다. 또 벤처펀드가 장기적으로 지속 운영될 수 있도록 회수된 자금은 재투자한다는 방침도 갖고 있다. 벤처펀드에서 투자한 기업 중 우수한 기업은 신사업 후보로 선별해 육성하고 회사의 지속성장을 위한 원동력으로 만들어 나갈 계획이다.

벤처펀드는 2019년에 태동했다. 그해 포스코는 중소벤처기업부, 벤처캐피탈협회와 MOU를 체결하여 벤처펀드 조성을 위한 협력관계를 구축했다. 그 이후 지금까지 유망 분야에 투자하는 씨앗·성장 펀드, 회사의 신성장 전략 분야에 집중 투자하는 전략·CVC 펀드 등을 모두 결성해 전주기 투자의 기본 틀을 완성했다.

2021년 11월까지 국내외 우수 운용사가 운용하는 9개 펀드에 2,250억 원 규모의 출자를 약정하여 6,500여 원 이상의 펀드를 결성하였고, 국내외 550개 이상의 벤처기업에 간접 투자하고 있다.

포스코는 앞으로도 매년 지속적으로 펀드에 출자하여 우수한 투자기업 풀pool을 확대하고 지속적인 가치증대value-up 활동을 벌여, 포스코그룹이 중점적으로 추진하는 사업의 경쟁력을 강화하고 새로운 성장동력을 창출하는 데 기여할 계획이다.

3) 미래 산업생태계를 고려한 사업화

신성장 아이템이 결정되면 그 이후에는 개발, 투자, M&A 등의 사업화 과정을 거쳐 비로소 주력사업으로 성장해 간다. 사업화 과정은 여러 이해관계자의 적극적인 상호작용 속에 많은 자금과 노력이 투입되고 신성장 아이템의 성패를 좌우하는 중요한 프로세스이기 때문에 그 어느 때보다 엄격한 원칙의 적용이 필요하다. 그 원칙으로는 다음의 세 가지를 생각해 볼 수 있다.

첫째로, 빠르고 진취적으로 사업을 추진해야 한다. 주요 산업의 최근 동향을 살펴보면, 시장을 선점한 소수 업체들의 과점화 경향이 더욱 뚜렷해지고 있다. 따라서 급변하는 산업현장에서는 과거와 같은 보수적, 안정지향적 방식으로는 경쟁력을 확보하기가 어려워졌다. 이제는 변화에 빠르게 대응하면서 진취적인 사업방식과 마인드로 선제적인 투자를 단행하여 과감하게 사업화를 추진해야 한다.

둘째로, 건전한 산업생태계를 구축해야 한다. 신성장 사업의 성패는 사업 형성 초기 단계부터 건전한 생태계를 구축할 수 있느냐에 달려 있다고 해도 과언이 아니다. 가치사슬상의 전·후방 파트너들이 뒷받침되지 않으면 성장은 물론 생존조차 담보하기 어렵다는 것이다. 새로운 기술표준을 선점하고 시장표준de-facto standard을 확보하는 데도 전·후방 산업에 속한 업체들과의 긴밀한 협업이 필수적이다. 협업이 이루어지면 생태계 전체의 공생가치 창출도 자연스럽게 달성할 수 있다.

셋째로, 외부 역량을 흡수하는 개방적 협력open & collaboration을 강화해야 한다. 현재 우리가 사는 시대는 사업 트렌드와 기술발전의 속도가 너무나 빨라서 모든 필요 역량을 적시에 자체적으로 확보하기가 매우 어렵다. 때문에 외부 역량을 우리 것으로 만들어 가려는 노력이 필수적이다. 특히 신사업 분야는 개방적 협력관계를 구축하여 외부의 다양성과 전문성을 활용하는 것이 그 어느 때보다도 중요해지고 있다. 그러므로 M&A, 조인트 벤처joint venture, 공동 R&D 등의 방법을 적극 활용하여 외부의 역량을 빠르게 흡수하고 우리 것으로 승화시킴으로써 빠른 시간 내에 업계 최고의 사업역량을 확보하는 전략이 필요하다.

이 밖에 신사업에 필요한 전문인력을 적기에 영입하고, 긍정적이고 도전적인 조직문화를 구축하는 것도 필요하다. 또한 이해관계자들의 요구를 만족시킬 수 있는 수준의 투명성과 윤리의식 역시 반드시 갖춰야 하는 요소이다.

원료부터 소재까지 이차전지 소재사업 생태계 육성

포스코는 전기차 중심의 친환경 모빌리티 시대를 준비하는 차원에서 이차전지 소재사업을 집중 육성하기 위한 전략을 수립하고, 원료 및 소재 분야에 지속적으로 투자하고 있다.

우선 리튬, 니켈, 흑연 등 이차전지의 핵심원료들을 확보하기 위해 국내외에서 다양한 방식으로 사업을 추진하고 있다. 리튬 추출을 위해 고품질의 염수(아르헨티나)와 광석(호주 필바라미네랄스) 등의 리튬 원료를 확보한 것은 대표적 성과로 꼽힌다. 2018년에는 아르헨티나의 염호 옴브레 무에르토를 인수하는 동시에, 아르헨티나 현지에 염수리튬 기반의 데모플랜트를 성공적으로 준공하여 검증 조업까지 완료했다. 광양 데모플랜트에서도 광석 원료를 사용해 수산화리튬과 탄산리튬을 생산하고 있다. 2021년에는 광양에, 2022년에는 아르헨티나에 상용화 플랜트를 착공하고 단계적으로 확장하여 2030년까지 리튬 22만 톤 생산체제를 구축할 계획이다.

최근 전기차 수요 증가와 양극재 고용량화 추세가 가속화하면서 니켈 수요가 급증할 것으로 전망된다. 그러나 니켈은 자원이 한정되어 있을 뿐 아니라 채굴과정에서 불가피하게 환경문제가 발생하기 때문에 공급이 부족하다. 이 상태라면 2025년 이후 공급부족이 심화될 것으로 예상된다. 포스코는 공급부족이 예상되는 니켈 등의 핵심원료를 확보하기 위해 배터리 생산과정에서 발생되는 스크랩과 생산불량품, 그리고 수명이 다한 폐배터리에서 원 소재를 추출하는 리사이클링 사업을 추진하고 있다.

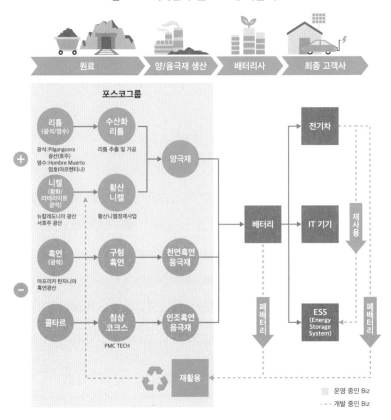

그림 1-4 – 이차전지 원료-소재 사업 구조

또한 흑연 원료의 안정적 수급을 위해 해외 흑연광산에 지분투자 방식으로 참여하는 등 다각적인 노력을 기울이고 있다.

한편으로는 포스코케미칼을 통해 이차전지 핵심소재인 양극재와 음극재 사업도 진행하고 있다. 전기차용으로 사용되는 양극재는 니켈 함유량이 높은 제품으로, 현재 니켈 함유량 50~60%대의 제품이 주류를 이룬다. 하지만 포스코케미칼은 주행거리 확대 및 고속충전을 희망하는 시장

아르헨티나 염호

의 요구를 충족하기 위해 80% 이상의 니켈을 함유한 고용량 양극재 제품을 개발하는 데 성공하여 시장의 판도를 바꿔 가고 있다. 2021년 현재 연산 4만 5천 톤 규모의 양극재 공장을 운영 중이며 연산 6만 톤 규모의 증설공사를 진행 중이다.

음극재는 이차전지를 충전할 때 양극에서 나오는 리튬이온을 음극에서 받아들이는 소재이다. 주로 흑연계를 가장 많이 사용한다. 포스코케미칼이 이 사업에 진출할 당시만 해도 우리나라는 일본, 중국에 비해 후발주자였다. 하지만 포스코케미칼은 집중적인 연구개발을 통해 단기간에 고성능의 음극재 기술을 확보하고 자동화와 공정개선까지도 이루어냈다. 나아가 양산체제를 구축하여 음극소재 국산화를 실현함으로써 우

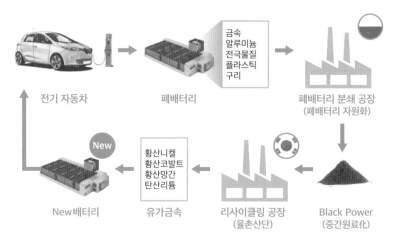

그림 1-5 ─ 리사이클링 사업 개요

전기 자동차　　폐배터리

금속
알루미늄
전극물질
플라스틱
구리

폐배터리 분쇄 공장
(폐배터리 자원화)

New배터리　　유가금속

황산니켈
황산코발트
황산망간
탄산리튬

리사이클링 공장
(율촌산단)

Black Power
(중간원료化)

New

리나라 배터리산업의 경쟁력 강화에 기여하고 있다. 2021년 현재 연산 6만 1천 톤의 천연흑연 음극재 공장을 안정적으로 운영 중이다.

　포스코케미칼은 국내 최초로 인조흑연 음극재 사업에도 진출하여 포항에 1만 6천 톤 규모의 공장을 새로 착공했다. 인조흑연 음극재는 고온에서 결정성을 높여 소재구조가 균일하고 안정적인 특징이 있어, 전기차 배터리에 필수적인 긴 수명과 급속충전을 구현할 수 있게 해주는 소재다. 포스코케미칼은 천연흑연에 이어 인조흑연 양산체제도 구축하고 글로벌 고객사의 다양한 수요에 대응하고 있다.

신성장 관점의 기업시민경영 실천 핵심 포인트

1. 시대의 변화에 부합하는 새로운 비즈니스를 창출하여 회사의 지속가능 성장과 사회적 가치 창출에 기여한다.
2. 벤처생태계 파트너들과 상호협력하는 벤처플랫폼을 구축하여 신사업 육성과 지역경제 발전 및 청년 일자리 창출에 기여한다.
3. 회사의 성장전략에 부합하는 신사업 기회를 상시적으로 발굴하고 빠르게 사업화함으로써 기업가치를 제고한다.

포스코케미칼,
시대적 요구에 부응하는 신성장 동력으로 전략적 변신

김동재 · 이상현

포스코케미칼은 1971년 포항축로주식회사로 출범한 이후 여러 번 회사명 변경을 거쳐 올해로 창립 50주년을 맞이했다. 초기의 사명에서 볼 수있듯이 포스코케미칼은 원래 제철소에서 사용되는 내화물을 생산·설치하는 회사였다. 창립 이후 줄곧 종합 내화물 기업으로서의 전문성을 갖추고 철강산업의 생산능력 증대에 기여해 왔다.

그러나 철강산업이 고도 성장기를 지나 성숙 단계에 접어들었을 뿐만아니라 전 세계적으로도 기후변화에 대응하기 위해 온실가스 감축에 노력해야 한다는 생각이 서서히 확산되면서 포스코케미칼도 전략적으로 새

김동재

미국 펜실베이니아대 와튼스쿨에서 박사학위를 받았으며, 현재 연세대 국제학대학원 교수로 재직 중이다. 미국 일리노이 어바나-샴페인대 경영학과 교수와 맥킨지 경영컨설턴트로 근무한 바 있으며, 한국전략경영학회 회장을 역임하였다.

이상현

미국 퍼듀대에서 박사학위를 받았으며, 현재 동국대 경영학과 교수로 재직 중이다. 현재 한국마케팅학회와 한국소비자학회 상임이사로 활동하고 있으며, 서비스마케팅과 소매유통전략과 관련한 연구와 강의를 진행하고 있다.

로운 변신이 필요하게 되었다. 지구온난화에 대한 사회적 문제의식이 높아짐에 따라 포스코케미칼은 발 빠르게 석유나 석탄과 같은 화석연료에너지를 대신할 화학전지 등 친환경에너지에 관심을 갖고 이차전지 시장으로 사업영역 다각화를 모색하기 시작했다.

포스코케미칼은 기존에 주력으로 수행하던 내화물·화성 사업에서 축적한 노하우를 바탕으로, 기존 핵심역량과 유사성이 높고 가치사슬에서도 긴밀하게 연결될 수 있는 에너지소재 사업을 성장동력으로 선정했다. 특히 광양제철소 화성공장을 위탁받아 운영하면서 공장에서 발생하는 부산물인 콜타르Coal Tar가 탄소 소재로 활용 가능하다는 점에 주목하고, 이를 활용하여 이차전지 소재 중에서도 먼저 음극재 사업을 중심으로 에너지소재 분야에 뛰어들었다.

2011년에 음극재 생산을 위한 신공장이 준공되면서 포스코케미칼은 국내 유일의 천연흑연계 음극재 제조업체로 탈바꿈하기 시작했다. 그 후 불과 6~7년여 만에 생산능력을 10배나 늘렸지만, 수요가 폭발적으로 늘어나 감당하기 어려울 정도가 되었다. 이에 포스코케미칼은 2021년까지 총 10개의 생산라인을 순차적으로 증설해 연간 6만 1천 톤 규모로 생산능력을 확대하고 있다.

2018년 기업시민 선포 이후 에너지소재 사업에 대한 투자는 더욱더 확대되었다. 2019년에는 기업시민 경영이념을 바탕으로 이차전지 4대 소재 중 양극재 사업을 추진하던 포스코ESM을 합병하여 양극재 시장에도 진출했다. 2020년 12월 포스코그룹 창사 이래 최대 규모인 1.3조 원의 유상증자를 단행한 포스코케미칼은 이 자금을 에너지소재 양산에 집중적

포스코케미칼 세종 음극재 공장 내부

포스코케미칼 광양 양극재 공장 전경

으로 투자하기로 했다. 현재는 2025년까지 음극재 15만 톤, 양극재 27만 5천 톤을 생산할 수 있는 규모를 갖춘다는 목표로 지속적인 투자를 진행 중이다.

포스코케미칼은 이차전지 소재 중 양극재와 음극재를 모두 생산하는 국내 유일의 기업이 되었다. 포스코케미칼의 2020년 매출은 1조 5,662억 원으로 창사 이래 최대를 기록했는데, 철강 시황이 악화되어 본업인 내화물 사업이 주춤했음에도 불구하고 양극재와 음극재 사업에서 전년 대비 144%나 증가한 5,333억 원의 매출을 기록한 영향이 크다. 에너지소재는 포스코케미칼 전체 매출에서 2020년 기준으로 45%의 비중을 차지하며 명실상부하게 포스코케미칼의 핵심 사업으로 자리 잡았다.

에너지소재 사업은 미래 성장성이 높으며 앞으로 전기자동차 시장이 본격 확대되면서 지속적으로 성장해 나갈 수 있는 영역이다. 포스코케미칼은 보유한 핵심역량을 바탕으로 시대 요구에 발맞추어 에너지소재 사업을 적극적으로 추진함으로써 새로운 성장 기반을 확보하는 데 성공했다. 포스코케미칼은 사회가 요구하는 유망한 성장동력을 발굴하고 회사가 가진 역량을 최대한 활용하여 지속가능한 기업으로의 전략적 변신을 일구어 냈다는 의미에서 기업시민경영 관점의 신성장 스토리를 잘 보여 주는 사례로 볼 수 있다.

업業의 지속가능 성장을 위한
연구개발에 집중하라

고객, 이해관계자, 그리고 공동체 사회로부터 인정받을 수 있는 연구개발은 회사의 경쟁력을 높일 뿐만 아니라 강건한 산업생태계를 만드는 데에도 기여한다. 연구개발을 통해 최고의 제품과 솔루션 기술을 개발하여 이를 고객에게 제공하면, 자연스럽게 고객의 성공 가능성이 높아지고 고객의 성공이 다시 회사의 성공으로 이어지는 선순환이 이루어진다는 것이다.

이러한 선순환이 차곡차곡 쌓이면 회사를 포함한 비즈니스 파트너, 나아가 산업생태계 모두가 강건해진다. 또 이해관계자와 사회가 필요로 하는 기술을 개발하여 제공하면 지속가능한 미래를 만들어 가는 데 기여할 수 있어 회사의 지속가능성도 담보할 수 있다.

친환경이나 스마트 공정기술을 개발한다면 사회가 안고 있는 이슈 해결에도 도움을 줄 수 있다. 현재 기업이 영위하는 본업을 더욱더 친환경적으로, 또는 스마트하게 업그레이드하는 기술, 전기차, 신재생에너지 등 친환경 미래산업을 이끌 소재와 솔루션을 개발, 공급하는 기술 등이 모두 이에 해당된다.

연구개발의 속도도 중요하다. 내·외부 고객의 요구가 발생했을 때 신속하게 대응할 수 있어야 한다. 하지만 자체 연구만으로는 점점 빨라지는 기술발전 속도에 대응하기가 쉽지 않다. 그러므로 개방적 협력 원칙을 적용하여, 회사에서 보유하지 않은 기술은 관련된 외부 전문가나 타 연구기관과 적극적으로 협업하여 개발 혹은 도입하는 노력이 필요하다.

R&D 부서에서 기업시민경영을 적용할 때 고려해야 할 영역을 정리하면 다음과 같다.

1) 고객, 이해관계자, 사회를 위한 최고의 제품기술과 솔루션 제공
2) 미래 경쟁력을 제고하는 친환경·스마트 기술 개발
3) 시장변화에 적기 대응하는 개방적 협업형 연구개발

1) 고객, 이해관계자, 사회를 위한 최고의 제품기술과 솔루션 제공

제조업 분야에서 연구개발은 기업의 미래가 달려 있는 핵심영역이다. 연구개발을 통해 최고의 제품을 만들어 내지 못하면 그 기업의 미래는 밝다고 할 수 없다.

중요한 것은 최고의 제품이라도 시장의 트렌드가 반영되어야 한다는 점이다. '고객과 사회가 원하는 제품'이 아니라면 아무리 좋은 제품이라도 시장에서 외면당할 수밖에 없다. 특히 기업시민의 관점에서 연구개발은 우리 회사와 고객의 수익을 높이기 위한 기술개발

에 머물지 않고 생태계 내의 이해관계자들, 더 나아가 사회 전체에 도움이 되는 활동인지를 검토한 후에 수행되어야 한다.

'고객과 사회가 원하는 제품'이란 고객의 만족과 성공을 이끌어 낼 수 있는 제품, 미래사회를 구현하기 위해 필요한 제품으로 정의할 수 있다. 즉, 최종 제품이 성능이나 안전성뿐만 아니라 가격 측면에서도 우수한 시장경쟁력을 갖추어 우리 회사 제품을 사용하는 고객에게 이익을 가져다 줄 수 있어야 한다. 점점 중요성이 높아지는 친환경 측면에서 우수성을 갖추어 고객에게 환경적 가치를 제공하는 것도 중요할 것이다.

최고의 제품을 제공하기 위해서는 비즈니스 파트너와 가장 접점에 있는 판매현장의 요구를 정확히 반영하는 것이 중요하다. 따라서 수요시장이 어떻게 발전할 것인지 그 동향을 면밀히 파악한 후 여기에 맞춰 최적의 제품을 최적의 시점에 공급할 수 있도록 기술개발 로드맵을 잘 구축해야 한다. 그리고 이미 수립된 기술개발 계획이라도 시장 트렌드 변화를 고려하여 지속적으로 조정해야 한다.

최고의 제품이란 단지 제품 자체의 우수성만을 뜻하는 것은 아니다. 고객이 제품을 사용하는 동안에도 가장 최적의 상황에서 쉽고 편리하게 사용할 수 있도록 솔루션도 함께 개발하여 제공하는 것이 중요하다. 이를 통해 고객이 경험하는 가치가 더 높아진다면 회사의 수익성 또한 증가할 것이다.

실천사례

친환경 전기차 부품 고객사를 위한 소재 개발

국내 A사는 포스코의 첨단 고강도강과 가공 솔루션을 제공받아 경량화된 스틸 휠과 로어암 부품을 개발했다. 개발된 부품으로 A사는 글로벌 자동차사인 GM과 볼보Volvo사에 판매를 확대할 수 있었다. 뿐만 아니라 A사는 포스코와 공동으로 개발한 전기차 섀시 부품으로 친환경 솔루션을 확보하고, 이를 바탕으로 글로벌 자동차사의 차세대 전기차 부품을 수주하는 데 성공했다.

포스코는 현재의 시장상황뿐만 아니라 고객 입장에서 미래 트렌드 변화도 예의 주시하면서 함께 연구개발을 진행하고 있다. 최근에는 환경규제가 강화되고 친환경제품 요구가 증가하는 추이를 반영하여, 알루미늄보다 재활용성이 높아 친환경적이라고 평가되는 철강제품의 적용범위를 확대하기 위해 A사에 먼저 제안하여 고강도-고연신 강재를 적용한 스타일드 스틸 휠을 공동으로 개발하고 있다.

실천사례

버려지는 굴 껍데기를 원료로 활용하는 기술개발

매년 전국에서 버려지는 패각(굴이나 조개 등의 껍데기)은 30~35만 톤에 달한다. 하지만 그동안 패각은 활용할 곳이 마땅치 않아 어촌지역에 방치되어 폐수와 분진, 냄새 등 환경오염을 일으켰다. 해양수산부에 따르면 경남 및 전남 어촌에 패각 폐기물 92만 톤이 수년째 방치돼 있다.

포스코는 이 패각의 성분이 제철소에서 부원료로 사용되는 석회석과 유사하다는 점에 주목하고, 전남 여수의 패각 가공 전문업체인 여수바이오, 국내 2위 철강기업인 현대제철과 함께 석회석을 패각으로 대체할 방안을 공동 연구했다. 그 결과 2021년 9월 여수바이오가 국립환경과학원으로부터 패각 재활용환경성평가[1] 승인을 획득해 패각을 제철 부원료로 활용할 수 있게 됐다.

버려지는 패각을 재활용하는 것은 어촌지역의 환경문제를 해결한다는 의미는 물론 석회석 대체재를 활용하여 천연자원 사용을 줄이는 효과를 가져온다. 향후 패각 약 92만 톤을 제철공정에 활용할 경우 소나무 약 3억 그루를 심는 것과 유사한 효과인 약 41만 톤의 CO_2 감축효과를 거둘 수 있을 것으로 전망된다.

2) 미래 경쟁력을 제고하는 친환경·스마트 기술 개발

현대사회에서 인류는 역사상 가장 풍요로운 번영의 시대를 살고 있다. 이는 끊임없이 기술개발에 노력하여 지구에 주어진 제한된 자원을 가지고 최대한 많은 양의 제품을, 최대한 저렴한 가격에, 최대한 빠르게 생산할 수 있는 고도의 산업발전을 이루어 냈기 때문에 가능해진 결과이다.

하지만 지금은 그 풍요 속에서도 지구온난화, 미세먼지, 환경오

---

1   법규상 재활용 용도가 명시되어 있지 않은 신규 용도에 대해 환경과 인체 건강 영향, 기술 적합성을 평가하는 제도.

염 등 급격한 산업화의 후유증으로 지구 전체가 몸살을 앓고 있다. 친환경 이슈가 국제사회의 가장 시급하고도 공통된 현안으로 떠오른 것도 이 때문이다.

따라서 이런 사회문제를 해결할 수 있는 친환경 기술과 스마트 기술을 개발하여 제시한다면 더 나은 사회를 구현하는 데 기여할 것이고, 회사도 더 많은 비즈니스 기회를 창출하며 지속성장을 실현할 수 있을 것이다. 특히 4차 산업혁명 시대를 열어 가는 핵심기술인 AI나 빅데이터와 같은 스마트 기술은 강건한 산업생태계를 실현하는 촉매 역할을 하는 동시에 기업의 지속가능한 경쟁력을 확보하는 중요한 기반이 될 것이다. 스마트 기술을 제조공정에 폭넓게 접목하면 비용은 낮추고 품질은 더욱 높이는 효과를 볼 수 있다. 또 현장 근로자들이 보다 안전한 환경에서 일할 수 있도록 스마트한 작업환경을 구축하는 데에도 큰 도움이 될 것이다.

실천사례

친환경 철강 생산을 위한 수소환원제철 기술개발

포스코는 철강 생산공정의 특성상 CO_2를 배출하기 때문에 환경문제로부터 자유롭지 못하다. 이 때문에 포스코는 철강업이 과거에 그랬던 것처럼 다시 한 번 미래사회의 든든한 기반 역할을 다할 수 있도록 혁신적인 친환경 기술을 개발하는 데 심혈을 기울이고 있다. 그 일환으로 포스코는 '탄소중립을 선도하는 지속가능한 친환경 기업'이 되겠다는 목표로 설정하고, 이를 실현하기 위해 공정기술의 단계별 개발방향을 새롭게 설정했다.

　1단계는 AI 기술을 활용하여 공정을 개선하고 에너지 저감 기술을 개발하여 기존 공정의 에너지효율을 최대로 끌어올림으로써 저탄소화에 기여하는 것이다. 2단계는 저탄소 연·원료 사용 기술을 개발하는 것이다. 고로에 수소를 포함한 가스를 취입하고 전로에 스크랩을 다량 사용하는 기술을 개발하여 철강 생산공정에서 발생하는 CO_2를 최소화하는 게 목표이다. 마지막 3단계는 탄소 중심으로 되어 있는 현재의 생산체제를 미래형 수소환원제철로 완전히 전환하는 공정기술을 개발하는 것이다. 지금은 포스코의 고유 기술인 파이넥스FINEX 기술을 기반으로 철광석을 환원할 때 수소를 100% 사용하여 탄소가 전혀 발생하지 않게 하는 혁신적인 제철공정을 개발하고 있다.

　포스코는 기존의 설비를 활용하여 수소를 생산하고, 이렇게 만들어진 수소로 석탄을 대체하여 쇳물을 제조하는 기술도 개발하고 있다. 앞으로 그린수소와 신재생전력을 경제적인 가격으로 공급받을 수 있는 환경이 구축되면 100% 그린수소를 활용한 수소환원제철 공법을 적용하여 청정철강을 제조할 수 있도록 장기적인 관점에서 관련 기술 개발을 추진하고 있다. 이러한 친환경 기술을 완성하면 모두에게 이익이 되는 그린제철소를 구현하는 것은 물론 새로운 비즈니스와 일자리도 창출하는 효과를 불러올 것이다.

　이와 병행하여 포스코는 자사가 제공하는 모든 제품 및 솔루션이 사회 전체의 탄소 감축에 도움이 되도록 관련 기술을 연구개발하고 있다. 이미 자동차용 첨단 고강도 강재, 고효율 전기강판을 개발하여 친환경 모

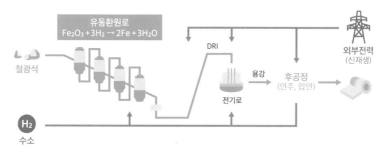

그림 1-6 — 포스코 수소환원제철

빌리티가 본격화하는 시기를 앞당기는 데 기여하고 있다. 또 수소를 저장하는 데 필요한 스테인리스 강판을 개발하여 수소사회로의 패러다임 변화에 선제적으로 대응하고 있다.

3) 시장변화에 적기 대응하는 개방적 협업형 연구개발

기술의 발전속도가 급격히 빨라지고 산업 간 경계를 초월한 융복합 기술이 속속 등장하면서 기술개발의 난이도와 복잡성이 날로 커지고 있다. 또한 고객의 요구사항도 점점 다양해지고 고객의 눈높이도 높아지고 있으며, 시장환경도 기술의 발전속도만큼 빠르게 변화함에 따라 불확실성 역시 커지고 있다. 이러한 상황에서는 고객과 원활하게 소통하여 고객이 해결하고자 하는 문제를 정확히 파악하고 함께 협업하여 공동으로 해결하는 것이 효과적이다.

연구개발의 경우도 마찬가지이다. 과거와 같은 폐쇄적인 인하우스in-house 방식의 연구개발로는 미래를 선도하는 것은 물론이고 급격한 기술발전 및 시장의 변화를 따라잡기조차 어려워진다. 따라서 업*의 지속성장을 가능하게 하는 기술개발을 위해서는 과거와 같은 폐쇄적 방식에서 벗어나 어느 누구와도 협력하는 개방과 협업의 연구개발 방식으로 전환하는 것이 필수적이다.

개방적 협력형 연구개발을 추구하려면 먼저 회사 내 부서 간의 소통이 매우 긴밀하게 이루어져야 한다. 급속도로 변화하는 외부환경에 대응하기 위해서는 신속한 판단과 빠른 실행을 통해 시장에 적기 대응할 수 있는 연구를 해야 하기 때문이다.

가장 시급한 것은 판매·생산·연구 조직 간의 소통을 방해하는 벽을 허물어 하나의 팀이 되고, 원 팀One Team의 입장에서 회사가 추구하는 큰 방향과 목표에 초점을 맞춰 연구개발을 추진해야 한다는 것이다. 조직 간 벽을 허물기 위해서는 오프라인 회의를 통해 소통하는 기존의 방식뿐 아니라, 시간과 장소에 구애받지 않는 다양한 방식의 소통채널을 적극 활용할 수 있어야 한다. 한 가지 다행인 것은 COVID-19 팬데믹의 여파로 다양한 방식의 온라인 소통 툴tool이 개발되어 널리 활용되고 있다는 점이다. 사람들도 이러한 툴을 사용하는 데 점차 익숙해지고 있다.

외부와 협업할 때는 필요하다면 다양한 대상과 전향적으로 협력하겠다는 오월동주吳越同舟의 자세가 필요하다. 이제는 산업과 업종이 경계가 예전처럼 명확하지 않다. 다시 말하면, 우리 회사의 같은 제품을 만들어 내는 기업만 우리의 경쟁자가 아니라는 뜻이다. 또한 우리 회사와 가치사슬로 직접 연결되어 있지 않은 기업도 협력 파트너가 될 수 있다는 뜻이기도 하다. 그러므로 업종, 규모, 지역 등에 상관없이 전 세계 어느 업종의 누구와도 손을 잡을 수 있어야 한다.

협업 방식도 전환이 필요하다. 과거처럼 대학에 연구의 일부를 용역으로 위탁하는 수준의 소극적 방식은 더 이상 협업이라고 부를 수 없다. 외부에서 개발한 원천기술을 도입하여 상용화 기술을 더하는 B&D^{Buy & Development} 방식, 공급사, 고객사 혹은 유망한 벤처와 협력하여 공동으로 기술을 개발하는 S&D^{Seeding & Development} 등과 같은 방식으로 확대해야 한다.

실천사례

고객과 실시간 기술소통 채널 구축

포스코 기술연구원은 고객의 기술적 애로사항을 청취하고 실시간으로 소통하면서 고객과 함께 윈-윈하기 위한 다양한 채널을 구축했다.

먼저 온라인상에 '오픈연구소'라는 인터넷 게시판을 만들었다. 오픈연구소는 고객사의 누구나 철강기술과 관련한 질문을 올리면 포스코 기술연구원 내 관련 연구원이 전문적인 답변을 제공하고, 질문자가 연구원들과 해당 문제에 관해 토론도 할 수 있는 공간이다. 이와 별도로 오프라인에서는 성장 가능성이 높은 고객사를 선정하여 전담 연구원을 배정하고, 이들이 주기적으로 고객사를 방문하여 필요한 기술을 지원한다.

또 포스코가 가진 스마트팩토리 역량을 고객사의 생산공정까지 연결, 확장하는 '디지털 파트너십' 활동을 전개하여 고객의 생산성을 높이고 최종 제품의 품질향상을 이룰 수 있도록 지원한다.

그림 1-7 — 오픈연구소 게시판

실천사례

시장 요구 대응을 위해 고객사와 공동 기술개발

포스코는 선재 고객사인 K사와 공동으로 개발한 용접 솔루션을 2019년 11월 미국 시카고에서 열린 북미 국제가공용접전시회에 출품했다. 이 전시회를 통해 자동차·건설용 고강도강, LNG 저장탱크·해양구조용 극저온강 등 다양한 철강제품에 적합한 용접재료와 용접기술을 패키지로 홍보하고 신규 수주활동도 전개했다.

포스코와 K사의 협업은 이번이 처음은 아니다. 이미 2016년에 '용접재료 공동개발 협약'을 맺고 관련 기술을 개발해 독일과 중국 등지의 국제기술전시회에 공동으로 참여한 바가 있다. 이번 북미 전시회에서 양사는 자동차·에너지·해양 등 6개 분야로 제품군을 확대했고, 자동차용 초고강도 도금강판의 용접부 기공결함 방지 및 슬래그 저감 용접기술인 'PosZET'을 시연해 호평을 받았다.

포스코는 고객사와 공동개발한 PosZET을 활용하여 상당한 양의 철강을 판매하는 성과를 거두었고, 고객사는 용접재료 판매에서 큰 성과를 거두었다. 철강제품을 구매하는 고객사와 협업한 공동 연구개발을 통해 상호 공생하는 새로운 비즈니스 모델을 구축한 셈이다. 양사는 이를 바탕으로 글로벌시장에서 새로운 사업기회를 만들어 가게 되었다.

R&D 관점의 기업시민경영 실천 핵심 포인트

1. 내외부 고객의 요구에 적합한 제품과 솔루션을 적기에 개발하여 제공하고, 산업생태계의 경쟁력 강화에 기여한다.
2. 친환경 스마트 혁신기술을 개발하여 미래 경쟁력을 제고하고, 그린제철소 구현에 앞장선다.
3. 시장변화에 신속히 대응하는 개방적 협력형 연구개발을 확대한다.

PART 2

———————————

산업생태계 혁신

Biz-Ecosystem Innovation

유규창

김용진

신호창

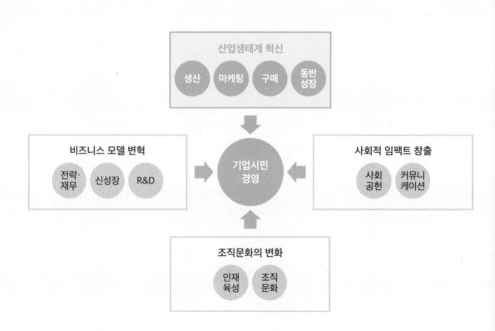

유규창

기후위기가 현실화되면서 세계는 저탄소-친환경 경제로의 이행을 서두르고 있다. 인류의 삶에 필요한 제품과 서비스를 만드는 기업들도 이러한 흐름에서 자유로울 수 없다. 지금과 같은 변화의 시기에 기업이 혁신에 실패한다면 인류의 앞날에도 어두운 그림자가 드리워질 수밖에 없다. 기업에게 더 많은 혁신이 요구되는 이유이다.

특히 기업은 사회구성원들이 제공한 유·무형의 자원을 결합하여 가공하는 하나의 생산체제라는 점에서, 스스로의 혁신을 넘어 생태계 혁신을 이룩하여 저탄소-친환경 경제로의 이행을 선도하고, 나아가 지속가능한 발전을 만들어야 하는 책임이 있다.

1980년대 하버드대 마이클 포터M. Porter 교수가 가치사슬 개념을 처음 제안했을 때에는 주로 조직 내부의 활동과 경제적 부가가치를 어떻게 높일 것인지에 초점을 두었다. 그 후 포터 교수의 가치사슬 개념은 점차 확대되어 기업 내부를 넘어 공급망 전체의 다양한 이해

유규창
미국 위스콘신대에서 경영학 박사학위를 받았으며, 현재 한양대 경영대학장 겸 경영전문대학원장으로 재직 중이다. 고용노동부와 인사혁신처, 기획재정부, 산업자원부 자문을 담당하고 있으며, 포스코 기업시민 자문회의 위원으로 활동하고 있다. 주요 저서로는 《적소적재: 공정한 한국 사회를 위한 직무주의 HR 이론과 실천》(공저, 2022), 《리더를 위한 인적자원관리》(공저, 2020) 등이 있다.

관계자를 포함하게 되었고 이제는 경제적 가치뿐 아니라 사회적 가치도 고려한다.

Part 2에서는 생태계 가치사슬의 주 영역인 생산, 마케팅, 구매, 동반성장에서 기업시민경영을 어떻게 적용해야 할지를 중점적으로 살펴본다.

먼저, 고도의 품질과 경쟁력 있는 원가구조 위에서 공급망supply chain의 경쟁력을 높여 가는 기업의 역할이라는 관점에서 생산체제의 변화에 대해 살펴본다. 환경에 미치는 영향을 최소화할 수 있는 생산공정과 생산기술을 개발해야 하고, 산업 내 영역에서뿐만 아니라 산업 간 가치사슬에서도 지속가능성이 자리 잡을 수 있도록 노력해야 한다.

그 다음에는 단기적 이윤 관점에서 벗어나 고객과 산업의 발전을 지향하여 더 큰 성장을 모색하는 마케팅의 역할을 모색해 본다. 전통적인 마케팅은 현재 시점의 최종소비자를 대상으로 하는 협소한 개념이었지만, 기업시민의 관점에서 마케팅은 미래의 고객, 그리고 최종소비자로 넘어가는 중간 단계의 고객들을 모두 포함한다.

마지막으로, 산업생태계의 혁신과 발전을 위해 구매 업무는 무엇을 지향해야 하는지, 그리고 파트너사의 발전을 위해서는 동반성장을 어떻게 실천해야 하는지를 살펴볼 것이다. 파트너사가 지속적으로 경쟁력을 갖출 수 있도록 구매제도를 운영하고 동반성장 활동을 추진하여 궁극적으로 산업생태계 전체를 강건하게 만드는 것은 기업시민의 철학과도 잘 부합한다.

이해관계자와 함께 안전한
친환경 생산 체제를 구축하라

기업은 사회 전반에 산재해 있는 자원들을 결합하여 생활에 꼭 필요한 제품과 서비스를 생산·공급함으로써 인류가 풍요롭고 편안하게 생활할 수 있게 하는 역할을 한다. 외부로부터 조달한 자원을 가치있는 제품과 서비스로 변환하는 하나의 생산체제라 할 수 있다.

역사적으로 산업발전의 각 단계마다 기업의 역할에 대해 요구하는 바가 있었다. 초기 자본주의 시대에는 투입되는 원재료에 비해 얼마나 많은 산출물을 내놓는지가 좋은 기업의 요건이었다. 그 이후 자본주의가 고도화하면서 가치 있는 제품을 생산해 내는 기업이 좋은 기업으로 인정받았다. 경쟁자보다 더 가치 있는 제품을 만들고 수익성을 극대화하여 주주 이익을 더 많이 창출하는 기업이 좋은 기업이었다. 이 과정에서 기업의 생산체제는 고도의 효율성과 생산성을 확보함으로써 인류의 풍요로운 삶에 더 많이 기여할 수 있었다.

하지만 기업이 창출하는 부_富는 생산에 필요한 여러 가지 사회적 자원을 제공해 준 이해관계자들에게 의존하여 이룬 것이기 때문에, 이들에 대한 보상을 고려해야 한다는 새로운 사고방식이 태동하게 되었다. 또 경제발전 과정에서 누적된 환경파괴의 결과로 기후위기가 나타나 인류의 삶을 직접적으로 위협하고 있다는 자각으로, 이해관계자 자본주의 관점에서 환경에 대한 영향까지 고려하는 생산체제로의 전환을 추구하게 되었다. 기업은 인류의 삶에 필요한 제품과 서비스를 만들어 내는 생산체제이지만 생산자원을 제공해 준 모든 사회구성원들과 동떨어진 체제가 아니기 때문에 이해관계자 전체를 위해 기능해야 한다. 나아가 환경적 영향을 최소화하는 노력을 기울여야 비로소 좋은 기업이 될 수 있다.

이번에서는 기업시민경영을 실행함에 있어 시대적 변화요소를 고려해 어떠한 생산체제를 갖춰나가야 할지에 대해 살펴보고자 한다.

생산 부서에서 기업시민경영을 적용할 때 고려해야 할 영역을 정리하면 다음과 같다.

1) 품질 및 원가경쟁력을 통한 고객가치 창출
2) 모두가 안심하고 일할 수 있는 안전한 삶의 터전 구현
3) 선제적이고 능동적인 저탄소·친환경 생산체제로의 전환

1) 품질 및 원가경쟁력을 통한 고객가치 창출

생산의 근본적 이유는 인간의 삶에 기여하는 제품과 서비스를 만들어 내는 것이다. 따라서 제품은 만들어진 이유와 그 쓰임새에 충실해야 한다. 그래야 사용가치가 생겨나고 투입된 원재료가 아깝지 않

게 된다. 또한 기업은 생산된 제품을 판매하여 수익을 창출해야 하고, 수익을 높이기 위해서는 최적의 원가구조를 갖추어야 한다. 기업시민경영은 최고의 품질을 최적의 원가구조로 만들어 내는 것에서부터 출발한다.

(1) 고객이 감동할 수 있는 품질과 초일류 제품 구현

최고만이 살아남는 치열한 경쟁환경에서 품질은 시장을 지배할 수 있는 핵심 경쟁요소이다. 그래서 전 GE 회장 잭 웰치는 "품질은 고객만족과 충성심을 지키는 가장 좋은 수단이자 기업이 경쟁에 맞설 수 있는 가장 강력한 무기"라고 말하기도 했다.

기업의 사명은 사회가 필요로 하는 제품과 서비스를 생산하고 공급하는 데 있다. 그러므로 자사가 생산하는 제품 및 서비스에 세계 최고 수준의 품질을 갖추는 것이 무엇보다 중요하다. '적당히 좋은 품질은 없다'는 철칙을 가지고 경쟁사가 모방하기 어려운 품질 수준의 제품을 만드는 것은 기업이 지향해야 할 기본적인 가치이다. 이를 통해서 기업은 고객의 니즈에 부합하면서 더 큰 만족을 줄 수 있는 것이다. 특히 B2B 기업은 고객 니즈에 부합하는 데서 '한 걸음 더' 나아가 go the extra mile, 고객이 자사의 제품을 활용하여 생산성을 향상시키고 낭비를 줄일 수 있도록 솔루션 관점의 품질에 대해서도 생각해야 한다.

품질뿐만 아니라 납기와 관련한 고객의 요구에도 유연하게 대응하여 제품을 적기에 공급하는 능력 또한 중요하다. 그러므로 생산차질을 최소화할 수 있도록 예방정비 수리와 같은 강건한 생산설비 유지체제를 갖추어야 하며, 비상 시 대체공정을 사전에 마련하여 납기에 차질이 발생하지 않도록 해야 한다.

품질 프로세스 측면에서는 고객의 요구수준을 사전에 파악하는 것은 물론, 이를 달성할 수 있도록 프로세스를 개선하고 공정능력을 향상시켜 품질편차를 최소화함으로써 내부 불량을 줄여야 한다. 설령 불량이 발생하더라도 고객에게 불량재가 납품되지 않도록 자체적으로 점검하는 시스템을 갖추는 것도 필요하다.

마지막으로, 최고 품질의 제품을 적기에 납품할 수 있는 능력은 전사 어디에서나 동일하게 작동해야 한다. 특히 세계 각지에 공장을 둔 제조기업이라면 해외의 어느 공장에서나 동일한 품질의 제품을 만들어 내는 글로벌 품질관리체제를 갖추어야 한다. 이를 위해서는 축적된 생산 노하우를 표준화·매뉴얼화하여 전 사업장에 공유하는 한편, 사내 최고의 숙련도를 가진 인력들을 활용하여 각 공장에서 동일한 수준의 품질력이 발휘될 수 있도록 지원하고 체계적으로 교육하는 시스템이 뒷받침되어야 한다.

(2) 공급사·협력사와 함께 원가경쟁력 확보로 고객가치 창출

지금은 경영환경이 매우 복잡해지고 있어 기업의 내부 경쟁력을 높이는 노력만으로는 생존이 어려운 시대이다. 그러므로 환경 변화에 적응하면서 시장을 지속적으로 선도해 가기 위해서는 비즈니스 파트너들과 함께 상생 협력하는 것이 매우 중요하다.

이제는 회사 대 회사의 경쟁에서 공급망 대 공급망의 경쟁으로 구도가 바뀌고 있다. 이럴 때는 비즈니스 파트너인 공급사·협력사의 혁신역량을 높이는 활동이 중요하다. 생산기술이 발전하고 공정이 전문화하는 상황에서 아무리 대기업일지라도 혼자의 힘만으로는 한계가 있기 때문이다. 지금의 제조업에는 수많은 공급사들의 제품과 생산기술이 투입되고 있으므로, 공급사의 제품 품질과 협력사의 생산성을 제고할 수 없다면 해당 대기업의 원가경쟁력도 요원해질 수밖에 없다. 따라서 기업은 공급사·협력사를 포괄하는 공급망의 경쟁력 향상을 위해 최선을 다해야 한다.

특히 기업시민경영을 실천하는 기업이라면 공급사·협력사를 '배려와 존중의 자세'로 대하고 파트너십을 공고히 하여 서로의 신뢰를 높이는 데 주력해야 한다. 신뢰가 바탕이 되어야 상대방의 입장에서 생각할 수 있게 되고 더 나은 솔루션을 찾아내는 집단지성이 나타나는 법이다. 그러므로 비즈니스 파트너들의 이익이 곧 우리의 이익이라는 생각을 가지고, 기업이 가진 자원과 역량, 네트워크를 적극적으로 활용해 공급사·협력사의 경쟁력을 높여가야 한다.

비즈니스 파트너와 신뢰에 바탕을 둔 강건한 생태계를 만들게 되면 그들과 함께 제로 베이스zero base에서 원가구조를 재편하고 개선하는 활동을 전개할 수 있게 된다. 동시에 공정의 효율도 높일 수 있다. 그렇게 되면 결국 제품의 원가경쟁력이 향상되고 제품경쟁력이 증대하기 때문에 급변하는 시장 및 생산환경에도 효과적으로 대응할 수 있게 된다.

그림 2-1 — 협력사-공급사 그리고 고객과 함께 만들어 가는 성장의 선순환

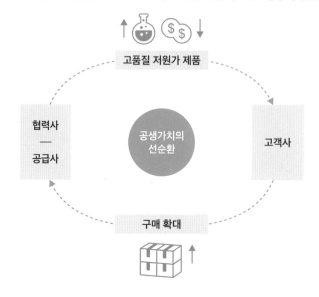

　기업이 제품 품질 향상을 위해 노력하면서 신뢰에 기반을 둔 공급망 경쟁력을 확보하면, 기업과 공급사, 그리고 고객 모두에게서 가치가 창출되는 선순환 구조를 만들 수 있게 된다. 기업을 중심으로 한 공급망이 우수한 품질의 제품을 저렴한 원가로 공급하면 이를 구매하는 최종고객의 가치가 증대하기 때문이다. 이러한 선순환 구조가 정착, 발전하면 기업은 이전보다 더 큰 수익을 창출할 수 있게 된다. 그런 의미에서 선순환 구조야말로 기업의 진정한 경쟁력이라고 말할 수 있다.

소량 구매고객 관점에서 제조기준 혁신

포스코의 주요 제품 중 하나인 스테인리스는 녹슬지 않는다는 특성이 있어 생활에 꼭 필요한 소재이다. 하지만 주방용이나 건자재, 산업용 기계 등에 사용되는 300계 범용 스테인리스 제품 중 일부 강종은 소로트 강종 小lot 鋼種1으로 분류되어 200톤 이하의 소량으로는 주문이 어렵다. 그래서 70~100톤 정도만 구매를 희망하는 고객은 200톤 이상을 주문한 후 나머지를 재고로 운영하는 경우도 많았다.

이에 포스코는 협력사와 함께 소로트 규격에 대한 고객의 요구사항과 회사의 제조기준을 면밀하게 분석하여, 고객의 요구를 만족하면서 회사의 소로트 기준을 해소하는 새로운 제조기준을 수립했다. 강종을 통합하고 로트를 대형화해 소량 주문에도 대응할 수 있도록 한 것이다.

그 결과 고객은 당장 필요하지 않은 제품을 보관해 둬야 하는 재고 부담을 줄일 수 있게 되었고, 포스코 역시 생산성 향상 효과를 거두며 연간약 2억 8천만 원의 제조비용을 절감하였다. 고객의 어려움을 경청하고 생산현장에서 새로운 시각으로 솔루션을 모색함으로써 포스코, 협력사, 그리고 고객사 모두가 윈-윈하는 시너지를 만들어 낸 것이다.

이처럼 포스코는 최고 품질의 제품을 생산하기 위해서는 설비 협력사의 기술역량을 높이는 것이 무엇보다 중요하다는 점을 인식하고 협력사와 함께 설비경쟁력 향상을 위해 힘쓰고 있다. 포항과 광양 양 제철소가

---

1 제철소에서 요구하는 최소 주문량에 미달되어 생산에 제약을 받는 제품.

협력사의 정비 수행능력을 향상시키고 직원들에게 자기계발에 대한 동기를 부여하기 위해 2011년부터 매년 기능경진대회를 개최하는 것도 같은 맥락이다. 이를 통해 협력사 직원의 직무능력과 정비품질 향상, 설비 고장 제로화라는 목표를 함께 달성해 가고 있다. 협력사의 기술력 향상을 통해 포스코는 고객에게 최고의 제품을 제공할 수 있게 되었다.

(3) 4차 산업혁명 시대에 부합하는 스마트한 생산관리체제 구축

제조업에서 고객 성공을 지원하는 데 가장 중요한 것은 최고의 제품과 서비스를 제공할 수 있게 해주는 강건한 생산설비일 것이다. 강건한 설비란 데이터에 기반을 둔 과학적이고 경제적인 방법으로 관리하여 최적의 상태를 유지하는 설비이다. 사람이 무병장수하기 위해서는 주기적인 건강검진과 규칙적인 운동으로 체력을 잘 관리해야 하는 것과 같은 이치이다.

최근 4차 산업혁명 시대에 접어들면서 생산현장에 IoT(사물인터넷) 등 첨단기술을 접목하려는 시도가 증가하고 있다. 생산기술의 진보에 따라 생산설비들이 더욱 복잡해지고 정교해지는 추세여서, 경험과 감각에 의존하던 과거의 설비관리 방식에서 벗어나 스마트 센서를 활용해 생산설비를 최적화하고 과학적으로 운영하는 시대가 된 것이다.

따라서 기업이 본연의 역할을 다하기 위해서는 스마트 기술을 활용해 생산과정에서 산출되는 데이터를 표준화하는 등 최적의 생산체제를 갖추도록 노력해야 한다. 더불어 제조업에서 설비관리를 담당하는 엔지니어들은 4차 산업혁명 시대의 첨병이라는 긍지와 자긍심을 가지고 새로운 기술과 전문성을 확보하도록 최선의 노력을 다해야 한다.

실천사례

포스코 스마트팩토리, 등대공장으로 선정

포스코는 2015년부터 전 사업장의 스마트화smartization를 추진하여 AI에 기반을 둔 강건한 설비 구축과 생산체계 구현을 위해 노력해 왔다. 그 결과 약 4년 동안 2,500억여 원의 비용을 절감했다. 특히 포항제철소 2고로는 고로 내부의 상태를 정확하게 감시하고 분석할 수 있도록 수많은 센서와 카메라를 설치하고, AI가 최적의 조업조건을 찾아 선제적으로 자동 제어하도록 디지털화함으로써 연간 8만 5천 톤가량의 쇳물을 추가 생산할 수 있게 되었다. 이러한 성과를 인정받아 2019년에는 다보스포럼에서 세계 등대공장으로 선정되기도 했다.

이와 함께 포스코는 세계 최초의 연속제조 공정용 스마트팩토리 플랫폼인 '포스프레임Pos-frame'을 구축하여, 포항과 광양의 20개 공장을 관통하는 전-후 공정 데이터를 실시간으로 분석하고 AI화할 수 있게 만들었다. 또 전 공정의 데이터를 표준화하는 MESManufacturing Execution System 3.0 사업도 진행한 바 있다.

포스코는 생산설비의 강건성을 지속적으로 높여 가기 위해 개선 가능성이 있는 개소個所를 먼저 제안하고 공급사와 상생 협업하여 과제를 해결하고 있다.

그림 2-2 – 센서와 카메라로 디지털화된 포스코 고로

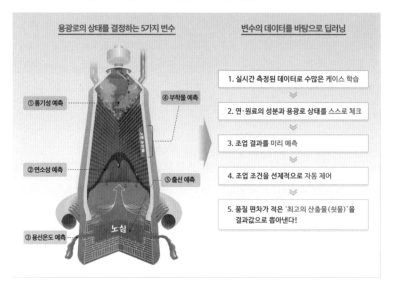

2019년 포항소의 경우, 그동안 외자(일본)에 의존해 왔던 2제강 KR Impeller Shaft(탈황작업을 위한 스크류 구동축)를 국산화하기도 했다. 국내 공급사인 S사와 합동으로 기술을 개발하여 기존의 일본 공급사와 비교해 동등 이상의 내구성을 확보한 것이다. 그 결과 자재수급에 소요되는 기간을 단축하고, 그동안 독점 공급으로 인해 높아져 있던 공급단가도 인하하는 효과를 거두었다.

같은 해에 광양소에서도 도금 Pot Dross(부유물) 제거용 로봇 정비업체인 Y사와 협업하여 '스키밍 로봇'을 개발했다. 그 이후 로봇의 작업 범위가 점차 확대되면서 그동안 운전자가 수작업으로 할 수밖에 없었던 고위험 개소가 95% 이상 줄어들었다. 이에 따라 작업자들의 안전을 확보

그림 2-3 — 포스코 가치사슬 전반에 적용된 스마트 기술들

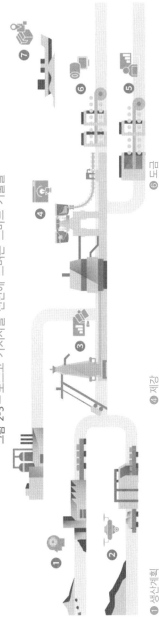

❶ 생산계획
s.Lot 주문 설계시간 단축
인공지능이 스스로 판단하여 s.Lot 평균 처리시간을 기존 12시간에서 4시간으로 단축하고 있습니다.

❷ 제선(원료야드)
원료 실시간 트래킹 및 드론 활용 재고 측정
원료 하역, 적치, 고로 이송까지 실시간으로 트래킹하고, 최적 원료배합을 시뮬레이션하고 있으며, 드론을 활용하여 원료야드 재고를 정밀하고 안전하게 측정하고 있습니다.

❸ 제선(고로)
인공지능 용광로를 통한 쇳물 생산 증대
용광로의 상태를 스스로 체크하고 학습하는 '인공지능 용광로' 구축으로 이산화탄소를 대폭 줄이는 친환경 조업을 지향하고 있습니다.

❹ 제강
고품질 용강 생산이 자동화 및 지능화 적용
인공지능으로 용강이 온도와 성분을 자동제어하고, 버튼 하나로 출강을 자동화하여 정밀하고 안전한 프로세스를 구축하였습니다.

❺ 압연
세계 최초 열연 스마트 통합운전실 구축
2020년 7월 인공지능 기술이 적용된 열연 통합운전실을 구축하여, 한곳에서 가열·압연·권취 전 공정을 컨트롤할 수 있습니다.

❻ 도금
조정밀 도금량 제어 및 해외사업장 원격제어
인공지능 도금량 제어기술을 국내외 16개 CGL 공장에 적용하여, 광양제철소에서 원격 통합 제어를 실시하여 전 세계 고객에게 동일 품질의 제품을 공급하고 있습니다.

❼ 출하
데이터 기반 재고 예측으로 고객 적기 공급
입고부터 출하까지 빅데이터 분석을 통한 장단기 재고 예측 및 실시간 배선 정보 관리로 고객이 필요한 시기에 제품을 인도하고 있습니다.

할 수 있게 되었고, 동시에 부유물 제거 품질도 획기적으로 개선되었다.

현재 포스코는 그동안 설비 분야에서 이루어 놓은 스마트 기술개발 성과를 바탕으로 전체 가치사슬로 스마트화를 확대하여 고객 주문부터 인도까지 전 과정에 대해 플랫폼 기반의 초연결을 추진해 가고 있다. 이는 고객가치 창출은 물론 지속가능한 저탄소 친환경 제철소 구현을 위한 밑거름이 되고 있다.

2) 모두가 안심하고 일할 수 있는 안전한 삶의 터전 구현

교병필패騎兵必敗라는 말이 있다. 자신의 능력만 믿고 자만하는 군대는 반드시 패한다는 뜻이다. 안전은 자만하지 않고 어떠한 타협도 없이 철저하게 원칙을 지킬 때에만 달성될 수 있다. 그러므로 기업과 모든 근로자는 안전한 현장을 만들기 위해 항상 점검하고 학습하여 위험요인을 사전에 찾아내 대비하는 노력을 게을리해서는 안 된다. 이를 통해 안전해서 행복한 삶의 터전을 만들 수 있기 때문이다.

(1) 끊임없는 학습을 통한 안전의 습관화

제조업 현장에서 가장 중요한 것은 안전이다. 생산제품의 품질과 공급망의 경쟁력은 반드시 안전한 일터 위에서 구현되어야 한다. 생명보다 소중한 가치는 없기 때문이다. 아는 만큼 보인다는 말도 있듯이, 안전은 '위험을 보는 눈'을 갖추는 데서부터 출발한다. 안전에 대한 지식이 바탕이 될 때 비로소 현장의 위험이 보이고, 이러한 위험에 대처할 수 있는 법이다.

기업의 안전 담당자는 가끔 실시하는 외부감사에 적당히 대응하기만 하면 된다는 수동적이고 안일한 자세에서 벗어나, 전 임직원을 대상으로 꾸준히 안전교육을 실시하여 누구나 위험을 감지할 수 있는 안목을 키울 수 있게 이끄는 역할을 해야 한다. 또 스스로 안전관리에 관한 최신 사례와 기법을 학습하여 전파함으로써 직원들의 '위험 발굴 역량'을 지속적으로 높여 나가야 한다.

"사람에게 물고기를 주는 것은 그에게 물고기 잡는 방법을 가르쳐주는 것만 못하다授人以魚, 不如授人以漁"는 노자老子의 말처럼, 안전관리자와 안전부서의 진정한 역할은 현장에서 근무하는 직원들이 '위험을 보는 눈'을 가질 수 있도록 하는 것이다.

실천사례

직원 스스로 학습을 통해 만들어 나가는 포스코 안전문화

포스코는 안전의식을 높이고 안전 리스크를 최소화하기 위해 매년 직영부서 및 협력사 직원들을 대상으로 체계적인 안전교육을 실시하고 있다. 계층별로 반드시 갖추어야 하는 안전역량을 설정하고, 이를 달성하기 위한 맞춤형 교육을 제공하고 있다. 뿐만 아니라 안전교육 실적을 이사회에 보고하는 등 철저한 이행을 제도화하고 있다.

포스코 글로벌안전센터와 인재창조원은 체험과 실습이 포함된 여러 종류의 집합교육 과정을 운영한다. 사내 온라인교육 플랫폼 '러닝 플랫폼'에서도 안전 관련 교육과정을 e러닝으로 다양하게 제공한다. 2020년부터는 직무노하우 공유 플랫폼인 '포스튜브POSTube'를 활용하여 직원 스스로 안전 관련 UCCUser Created Contents를 제작하고 공유하게 함으로써 더욱 효과적이고 생동감 넘치는 안전 학습이 이루어지도록 하고 있다.

자발적인 학습 분위기를 조성하기 위해 여러 가지 인센티브도 제공한다. 우수한 UCC를 제작한 직원에게는 소정의 격려금을 지급하며, 산업안전기사 등의 국가자격을 취득한 경우에는 축하금을 지급한다. 또 직무역량인증 시험에서도 안전 분야 인증 시 승진 가점을 부여하여 직원들이 학습을 통해 성취감을 느낄 수 있도록 지원한다.

2017년과 2019년에는 전 직원이 CEO와 함께하는 '도전! 안전 골든벨' 이벤트를 격년 단위로 개최했다. 2019년 10월 1천여 명의 포스코·협력사 임직원이 참여한 제 2회 '도전! 안전 골든벨' 행사는 직원들의 안전지식과 안전활동에 대한 관심을 높이고 안전활동을 촉진하는 긍정적인 효과를 높이 평가받아 세계철강협회World Steel Association가 주관하는 '제 13회 안전·보건 우수인증상Safety & Health Excellence Recognition'에 선정되기도 했다.

(2) 현장 중심의 안전 실행력 제고

안전은 현장에서 반드시 실천해야 한다. 현장 중심의 실천을 담보하려면 모든 구성원이 동참하여 지킬 수 있는 표준을 만들고, 제정된 표준은 반드시 지킨다는 실천 중심의 문화가 뒷받침되어야 한다. 구성원 모두가 안전은 부가적인 업무가 아니라 모든 업무에서 가장 기본이 되는 가치라는 마음가짐을 가져야 한다. 스스로 위험요인을 발굴하여 개선하고 안전지침을 철저하게 준수하며 안전활동에 적극적으로 임할 때 비로소 안전문화가 정착될 수 있다.

따라서 기업의 안전관리는 반드시 현장에서부터 출발해야 한다. 안전문제의 모든 해답은 현장에 있으므로 안전관리자는 직접 현장에 나가 실제로 현물을 보고 무엇이 문제인지 현상을 눈으로 확인·개선하여 안전이 확실하게 확보될 수 있도록 해야 한다. 특히 경영진을 포함한 리더들은 지속적으로 현장점검을 실시하여 긴급한 사안은 곧바로 현장에서 문제를 해결하고 신속하게 개선될 수 있도록 해야 한다. 직원들이 스스로 안전활동에 동참할 수 있도록 리더십을 발휘하는 것도 필요하다.

실천사례

'발로 뛰는 안전'으로 모두가 안심할 수 있는 일터 조성

포스코의 안전은 현장, 현물, 현상의 '3현' 관점에서 이루어지며, '발로 뛰는 안전'을 중시한다. 안전관리자나 조직책임자들도 현장을 점검할 때 형식적으로 직원들에게 주의를 주거나 격려만 하는 것이 아니라, 솔선수범하여 위험한 것은 없는지 직접 살펴보고 직원들과 토론하며 해결방안을 찾고 있다.

또한 포스코는 제철소 현장에서 일하는 모든 사람들이 안전하게 일할 수 있도록 특별히 관리하고 있다. 제철소에서는 포스코 직원보다 더 많은 협력사 임직원들이 함께 일하는데, 협력사에서 수행하는 모든 작업도 안전이 확보된 상태에서만 진행할 수 있게 하고 있다. 포스코 임직원이 협력사에 작업요청을 할 때에는 필요한 안전정보를 부족함 없이 제공하고, 안전작업허가서, TBM^{Tool Box Meeting2}을 통해 잠재위험 요인을 사전에 누락 없이 발굴하고 조치한다. 이를 통해 협력사 임직원이 위험에 대한 걱정 없이 작업에 임할 수 있도록 하는 것이다.

협력사뿐 아니라 제철소 내 공사현장의 작업인력 등 관계사 직원의 안전관리도 지속적으로 강화하여, 제철소 내에서 일하는 모든 근로자가 안전하게 일하는 환경을 구축해 가고 있다.

포스코는 안전을 최우선 핵심가치로 삼아 'Safety With POSCO' 구현을 목표로 안전사고 예방에 최선을 다하고 있다. 2018~2020년 3년간 안전 분야에 1조 원 이상을 투자하여 노후화된 안전시설물을 전면 교체 또는 개선해 나가고 있다. 이와 함께 2021년에는 안전환경본부를 비롯한 안전 관련 조직을 신설하고 중대재해 예방을 위해 포스코 및 협력사 직원들이 현장에서 즉시 적용할 수 있는 '6대 안전조치'를 시행하여 현장의 안전을 더욱 확고히 해나가고 있다.

포스코는 안전관리 강화와 안전문화 정착을 위해 협력사와 함께 노력하고 있다. 협력사에게도 포스코와 동등한 안전이 확보될 수 있도록 법정 필수 안전교육을 지원하고, 제철소 출입자에게는 상시 교육과 양질의 안전교육자료 등을 제공한다. 또 협력사와 함께 합동 순회점검 등을 실시하여 협력사에 불안전한 행동이 있을 경우 개선할 수 있도록 안전코칭 등을 지원한다.

---

2   작업 시작 전에 안전한 작업환경 조성을 목표로 작업내용 및 설비에 대한 잠재적 위험을 발굴하고 안전조치를 실시하는 활동.

그림 2-4 — 포스코의 6대 안전조치

01 가동 중인 설비 점검·수리 금지 불가피한 경우 담당 부소장 결재 필수	**02** 고위험 개소 작업 시, 부소장 결재 필수 결재 시, 위험성평가(JSA) 결과 첨부
03 모든 작업자 작업중지권 고지 안전작업허가서 내 작업중지권 고지	**04** 직영 안전조치사항 수급사 위임 금지 연관설비 전기·유틸리티 차단 및 밸브 조작 등
05 모든 작업 시, CCTV 의무 사용 고정형/이동형 CCTV 및 Body Cam 활용	**06** 재해위험 부식개소 출입 금지 출입금지 조치 및 출입 시 부서장 결재 필수

안전을 최우선으로 하는 업무 패러다임 전환으로 안전사고를 예방합시다!

(3) 비상대응체제 구축으로 사고 발생 시 피해 최소화

만일 뜻하지 않은 사고가 발생했을 경우 가장 시급하고 중요하게 조치해야 할 사항은 재해자의 목숨을 구하고 부상을 최소화하는 것이다. 이를 위해 모든 제조 사업장에서는 사업장 방재防災에 필요한 장비와 훈련된 전문인력을 갖추고 있어야 한다. 또 재해자를 신속히 전문의료기관에 이송하고, 최고 수준의 의료기관과 협력하여 최상의 응급치료를 받을 수 있는 지원체계를 마련해 직원들의 건강과 생명을 지켜야 한다.

재해나 사고 발생 시 빠른 대응만큼 중요한 것은 재발을 방지하는 것이다. 재해로 이어질 뻔한 '아차 사고near miss'를 포함하여 사고 발생원인도 면밀히 살펴보고, 위험요인을 발굴해 개선하는 활동을 반드시 수반해야 한다. 이렇게 해야 동일한 원인의 사고가 반복되어 근로자가 피해를 보는 불의의 사태를 막을 수 있다.

응급환자 이송을 위해 업무용 헬기에 의료장비 45종 설치

포스코는 국내 기업 최초로 업무용 헬기에 심장충격기, 인공호흡기, 가슴압박장비 등 의료장비 45종을 설치하여 사업장 내에서 안전사고 발생 시 긴급하게 응급환자를 이송할 수 있는 체계를 마련했다. 또 아주대학교 등 최고 수준의 응급의료기관과 협력하여 환자가 최상의 치료를 받을 수 있도록 대비하고 있다. 지방자치단체나 의료기관 등의 요청이 있을 경우 헬기 이송을 지원하기도 한다.

포스코가 업무용 헬기를 응급환자 이송 겸용으로 변경한 것은, 중증환자를 지역 거점병원에서 1차 응급치료한 후 서울에 있는 전문병원으로 이송할 경우 육로로 이동하면 최대 4시간 가까이 소요된다는 점 때문이다. 닥터헬기3를 활용할 수 있는 권역외상센터가 포항제철소에서 약 90킬로미터, 광양제철소에서 약 120킬로미터 떨어져 있어 현실적으로 신속한 지원이 어려운 여건이라는 점을 고려했다.

헬기를 이용하게 되면서 1차 치료를 담당하는 지역 거점병원에서 서울 소재 전문병원 또는 지역 내 권역외상센터까지 1시간 내외로 환자 이송이 가능해져 직원의 건강과 생명을 보다 안전하게 지킬 수 있게 되었다.

포스코는 헬기 이송체계를 구축하면서 최적의 치료가 가능한 권역외상센터 및 전문병원으로의 응급환자 이송체계를 마련했다. 화상 전문병

---

3 초음파진단기, 인공호흡기 등 의료장비가 구비되고 의료진(의사, 응급구조사, 간호사)이 탑승하여 환자 이송 중 응급시술이 가능한 의료 전용 헬기.

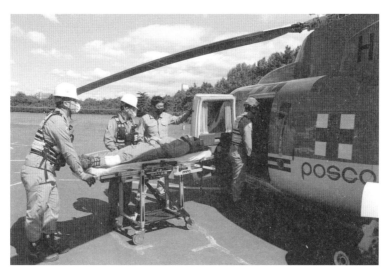

헬기를 이용한 응급환자 이송훈련 모습

원인 한강성심병원과도 2021년 6월 응급의료지원 업무협약을 체결했다.

한편, 포스코는 안전사고 예방은 물론 재발 방지 등을 위해 노사 합동으로 안전위원회committee를 운영한다. 안전위원회는 부서별 조직책임자와 노동조합 간부들이 합동으로 작업현장을 점검하는데, 주로 섹션별 잠재위험 발굴 및 개선현황 공유, 현장 격려방문, 사내 사고사례 전파 및 재발방지 토론 등의 임무를 수행한다. 특히 직원이 잠재위험을 발굴하면 회사는 신속하게 개선조치하고 피드백하여 안전한 사업장을 구현한다.

(4) 스마트 안전기술 도입 및 안전문화 확산

AI, IoT 등 4차 산업혁명을 대표하는 IT 기술의 발전은 제조현장의 안전관리에도 많은 변화를 불러오고 있다. 최근에는 센서와 카메라, 드론 같은 스마트 안전기술을 활용하여 위험요인과 위험개소를 발굴하는 등 안전 사각지대를 줄일 수 있는 다양한 기술이 많이 개발되고 있다. 이렇게 발굴된 정보는 작업자의 디지털 기기로 보내져 다양한 방식으로 위험경보를 울려 안전사고를 막을 수 있게 한다. 스마트 기술이 적용된 로봇과 기계장치 등이 개발돼 사람이 직접 수행하기 어려운 위험한 작업의 일부 혹은 전체를 대체하는 사례도 늘고 있다.

기업은 현장에서 일하는 모든 작업자의 안전을 담보할 수 있도록 이 같은 스마트 기술의 도입과 적용을 적극 검토할 필요가 있다. 직접적으로 작업현장에서 안전을 확보하는 방식 외에도 안전작업 허가 프로세스를 디지털화하거나 디지털 안전보건 통합관리시스템을 구축하는 등 안전관리 업무를 효율적으로 수행할 수 있는 시스템을 갖추는 노력도 병행해야 한다.

실천사례

스마트 세이프티 볼, 제조업 안전을 책임지다

포스코는 몸에 부착하고 작업장에 진입하는 기존 가스감지기와는 달리 투척이 가능한 가스감지기인 스마트 세이프티 볼Smart Safety Ball을 개발하는 데에 성공하였다. 상용 가스감지기가 획득해야 할 방폭, 전파, 센싱, 방진, 방수 등 모든 인증절차를 완료했으며, 현장에 적용하여 작업자의 안전을 확보하는 데에 크게 기여하고 있다.

작업자는 밀폐공간 진입 전에 스마트 세이프티 볼을 투척하여 유해가

현장 적용 중인 포스코의 스마트 세이프티 볼

스 존재 여부를 확인하고 위험요인이 있을 경우 이를 모든 작업자와 관리자에게 알려 만에 하나라도 있을 불의의 안전사고를 예방할 수 있다. 스마트 세이프티 볼은 작업자가 감지기를 직접 육안으로 확인할 필요 없이 스마트폰에 연동 앱을 설치한 주변의 모든 사람(작업자, 관리자)에게 동시에 알람을 보낼 수 있기 때문이다.

2021년 기준 포스코는 포항과 광양, 기술연구원, 그룹사 사업장에서 175개의 스마트 세이프티 볼을 사용하고 있다. 또한 그 우수성과 실효성이 알려지면서 다른 산업계에서도 스마트 세이프티 볼에 대한 관심이 증가하고 있다. 일례로 반도체, 조선 등 다른 산업분야에서는 스마트 세이프티 볼을 도입하고 자사 생산현장에 맞는 적용방식을 만들어 보고자 포스코에 협력을 타진하고 있으며, 포스코는 산업 경계를 넘어 전체 제조업의 안전 향상을 도모하는 본연의 목적하에 적극 협력을 진행 중이다.

이는 제철소 현장의 안전을 향상시키기 위한 포스코의 노력이 산업 간 경계를 넘어 제조업 전체로 확산된 케이스라 할 수 있겠다.

실천사례

안전과 스마트 기술의 결합으로 더 안전한 일터 구현

포스코는 IoT, 빅데이터, AI 등 첨단기술을 적용해 스마트 안전을 구현하고 있다. 특히 안전활동에 IoT 기술을 접목해 사람의 실수를 최소화하고 현장의 위험요인을 개선하는 활동은 상당한 진전을 보이고 있다.

예를 들면, 소음이나 온도 등의 정보를 실시간으로 감지하는 센서를 작업장에 설치해 작업자가 위험물에 접근할 경우 위험 여부를 즉시 알려주어 위험 대응이 가능하도록 했다. 또 위험한 가스의 누출 여부를 실시간으로 감지하는 센서, 눈으로 볼 수 없는 유해가스를 확인하는 드론, 화재 감시용 스마트 로봇, 지능형 CCTV 등 다양한 스마트 안전기술을 현장에 도입해 위험요인을 최소화하고 있다.

안전문화 정착을 위한 포스코의 노력은 해외의 일관제철소와 가공센터 등으로도 빠르게 확산되고 있다. 이미 해외 사업장 곳곳에서 포스코 고유의 안전문화 수준 측정도구인 PSRSPOSCO Safety Rating System를 활용하여 주기적으로 개선점을 발굴하고 개선하는 활동이 진행 중이다. 또 각종 교육자료와 재해사례 등의 안전정보를 공유하고 우수 안전사례를 서로 벤치마킹하는 등 제철소를 포함한 모든 해외 사업장에서 안전문화 수준이 상향평준화되도록 노력하고 있다.

최근에는 포스코그룹뿐 아니라 다른 제조사업장의 안전 향상을 위한

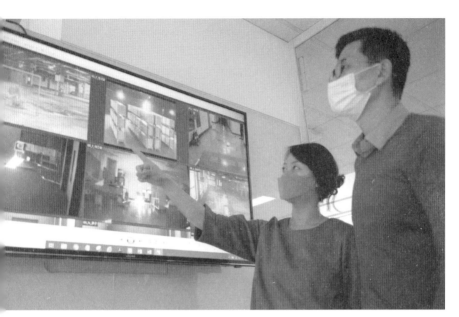

포스코ICT에서 개발한 AI기반 영상인식 분석기술

활동도 추진 중이다. 포스코ICT는 제조 및 건설현장에 특화한 비전 AI
Vision AI를 개발해 현장에 적용하였다. 비전 AI는 AI를 기반으로 영상 인
식과 분석 기능을 제공하는 플랫폼이다. 촬영된 영상을 딥러닝Deep Learn-
ing으로 분석 하여 위험지역에 대한 접근이나 작업자 쓰러짐 등 불안전한
이상행동이 있을 경우 자동으로 탐지함으로써 사업체가 능동적으로 스마
트하게 안전관리를 수행할 수 있도록 돕는 기술이다.

3) 선제적이고 능동적인 저탄소 · 친환경 생산체제 구축

기후변화, 대기오염, 미세 플라스틱 등 화석연료 사용으로 인해 발생한 각종 환경문제는 다음 세대의 생존을 위해 현 세대의 국가와 기업이 반드시 풀어야 하는 숙제이다. 이에 EU(유럽연합)는 2050년까지 탄소중립 달성을 목표로 하는 그린 딜Green Deal을 선언하였고, 우리나라 역시 2020년에 그린뉴딜 정책을 발표한 바 있다.

이제 기후변화 등 환경 관련 이슈는 기업경영에 반드시 포함해야 하는 뉴 노멀new normal이 되었다. 그러므로 모든 기업은 지구환경 보전을 위한 국제사회의 노력에 부응할 수 있도록 제품 생산과정과 생산에 필요한 원·부자재 구매과정 등 경영활동 전 과정에서 저탄소 친환경 활동이 정착되도록 더 많은 노력을 기울여 나가야 한다.

(1) 저탄소 · 친환경 생산과정으로의 전환

기업은 생산과정에서 환경에 미치는 영향을 최소화할 수 있도록 저탄소·친환경 생산과정으로 변화해 가야 한다. 이는 기존의 공정과 비교하여 친환경 원료를 사용하거나 생산과정에서 발생하는 환경영향을 최소화하도록 공정을 개선하는 활동을 포함한다. 또 생산과정에 사용하는 전력과 용수 등을 친환경적인 방법으로 확보하여 환경에 대한 부담을 줄이는 노력도 추진해야 한다.

생산과정에서 발생한 부산물을 자원으로 가치 있게 재활용하는 것은 천연자원의 사용과 환경오염물질 배출을 저감하는 데 크게 기여한다. 부산물의 재활용은 제조업 전 과정에서 환경에 긍정적인 영향을 미친다는 점에서 더욱 중요하다.

실천사례
'Green & Clean POSCO' 위한 지속적 환경투자 전개

철강제품을 생산하는 공정에는 철광석, 석탄, 용수, 전력 등 많은 자원이 사용되면서 환경에 영향을 미치는 오염물질이 발생한다. 그러므로 환경영향을 최소화하려면 생산공정을 혁신하는 것이 가장 중요하다.

포스코는 창립 초기부터 'Green & Clean POSCO'를 실현하고자 매년 투자비의 10%를 환경개선 분야에 투입하며 환경에 미치는 부정적인 영향을 최소화하기 위해 노력해 왔다. 특히 2017년부터 2024년까지 제철소 주변에서 느끼는 체감환경을 대대적으로 개선한다는 목표를 가지고 약 2조 4천억 원을 투입해 환경개선 사업을 진행 중이다. 2020년까지 약 1조 2천억 원을 투자하여 옥내 원료저장 설비인 석탄 사일로, 배가스 황

포항제철소에 준공된 밀폐형 원료저장 사일로 전경

산화물과 질소산화물 제거를 위한 환경설비 등을 설치했으며, 향후에도 계획된 환경투자를 차질 없이 진행해 나갈 예정이다.

이 외에도 포스코는 미세먼지 문제 해결을 위한 혁신기술 개발에도 박차를 가하고 있다. 포스코그룹의 환경분야 연구개발을 수행하는 RIST(포항산업과학연구원)는 미세먼지 현상을 분석하고 저감하는 기술을 개발하기 위해 '미세먼지연구센터'를 설립했다. 미세먼지연구센터는 미세먼지에 대한 심도 있는 연구를 통해 우리나라 국민의 쾌적한 생활환경 조성에 기여하고자 노력하고 있다.

실천사례

저탄소 친환경 생산체제 전환을 위한 포스코의 노력

포스코는 온실가스 배출권 거래제가 시행된 2015년보다 훨씬 앞선 1988년부터 코크스 냉각설비에 건식 기술을 도입하여 에너지 효율을 개선하는 등 온실가스 감축에 힘써 왔다. 2004년에는 대량의 가스를 배출하는 소결 공정에 활성탄 배가스 청정설비를 선도적으로 도입했고, 2007년에는 고로 공정에서 소결 및 코크스 공정을 생략하여 오염물질 배출을 크게 감소시킨 파이넥스FINEX 공정을 독자 개발해 상용화했다.

수자원 보전에도 많은 노력을 기울였다. 2015년부터 포항제철소가 포항시의 하수처리수를 고도 처리하여 일 8만 톤의 물을 공업용수로 대체 사용한 것은 대표적인 사례이다.

포스코는 이러한 성과에 머무르지 않고 그린뉴딜 정책의 방향에 맞춰 화석연료인 탄소에너지를 줄이고 미세먼지와 부산물의 배출을 최소화하는 노력을 경주하고 있다.

우선 단기적으로 철 스크랩 및 철원 함유 부산물을 최대한 재활용하여 쇳물 생산과정에서 발생하는 환경영향을 최소화하고 있다. 또 공정 부생가스에 포함된 오염물질을 최대한 분리하여 자원화하고, 폐열 또한 최대한 회수하는 데 많은 노력을 기울이고 있다. 동시에 환경영향과 유해성이 낮은 원료, 용수, 자재와 신재생에너지 사용을 확대해 가는 중이다.

포스코는 공정에서 발생하는 부생가스를 회수하여 공정에 재투입하거나 전력을 생산하는 데 활용하고 있다. 2019년의 경우 부생가스를 활용해 1만 6천 GWh의 전력을 생산하였는데, 이는 연간 제철소 운영에 필요한 총전력량의 69%에 해당하는 규모이며, 민간에서 사용한다면 440만 가구가 1년 동안 사용하는 전력량과 맞먹는 양이다. 부생가스 발전은 대표적인 분산전원으로서, 국가 송배전망의 부하를 낮추는 데도 일조하고 있다.

실천사례

부산물 재활용을 통해 자원순환사회 실현에 기여

포스코는 연·원료인 철광석과 석회석, 원료탄을 이용하여 철강 제품을 만드는 과정에서 발생하는 철강 부산물을 다양한 용도로 재활용하고 있다. 단순 재활용 차원을 넘어 환경을 보호하는 데에도 긍정적인 영향을 주고 있다는 점에서 의미가 크다.

먼저 고로 수재슬래그는 시멘트산업의 원료인 클링커를 대체함으로써 석회석 채취로 인한 자연훼손을 방지하고 있다. 또한 시멘트 생산 시 석회석 소성공정에서 온실가스인 이산화탄소가 배출되는데, 수재슬래그를 활용함으로써 온실가스 배출을 줄일 수 있다. 2019년 한 해 동안 800여 만 톤의 온실가스 배출 저감에 기여한 것으로 평가받는다. 수재슬래그는 또한 규산질 비료의 원료로도 재활용되며 규산질 비료는 벼의 수확량을 높이는 효과가 있고 논에서 발생되는 온실가스인 메탄 배출량 저감에도 기여하는 것으로 알려져 있다.

제강슬래그는 토목용 골재로 주로 사용된다. 건설공사에는 산이나 강에서 채취하는 모래 등의 천연 골재가 많이 사용되는데, 이를 제강슬래그로 대체함으로써 자연환경 보존에 기여하고 있다. 포스코는 철강 부산물의 친환경 활용기술을 적극적으로 개발하고 있으며 일례로 제강슬래그로 제작한 골재와 수재슬래그로 만든 시멘트를 활용하여 트리톤Triton 어초를 개발하였고 이를 바다에 설치하여 바다숲을 조성함으로써 해양생태계를 복원하는 활동을 추진하고 있다. 트리톤 어초는 철분과 미네랄 함량이 높아 해양 플랑크톤 증식 및 해조류 포자 부착을 촉진시킨다. 해조류의 광합성에 의해 대기 중의 이산화탄소가 해양에 저장되는 현상을 블루카본Blue Carbon이라 하며, 포스코는 이러한 블루카본의 효과를 과학적으로 규명하기 위한 연구와 함께 철강부산물을 활용한 신형 어초와 바다 비료 개발을 지속적으로 추진하고 있다.

(2) 환경정보의 과학적 · 체계적 평가 및 공개

기업은 저탄소·친환경 생산체제로의 전환을 위해 노력하면서 고객사나 투자자들의 환경정보 제공 요청에도 적극적으로 대응해야 한다. 최근 기업의 이해관계자들 중에는 투자 또는 제품구매 의사결정에 참고하고자 제조사에 구체적인 환경정보를 요청하는 경우가 늘고 있다. 이러한 요청에 효과적으로 대응하면서 제조생태계 관점의 환경개선에 기여할 수 있도록, 기업은 환경영향에 대한 과학적 분석체계를 마련하여 정확하고 충분한 환경정보를 이해관계자에게 제공해야 한다.

이해관계자에게 제공하는 환경정보 가운데는 친환경 인증이 큰 역할을 한다. 기업이 생산한 제품이 친환경 인증을 받으면 고객도 자사 제품에 사용된 원·부자재의 환경성을 높게 평가할 것이므로 경쟁사에 비해 비교우위를 확보하는 데 유리해지는 것이다. 이처럼 친환경 인증과 온실가스 절감을 위한 노력은 기업의 경쟁력을 높이는 경쟁우위 요소가 될 것이기 때문에, 기업은 친환경 생산체제로의 전환과 더불어 친환경 인증을 지속적으로 확대해 나가야 한다.

실천사례

환경경영 정보의 투명한 공개

포스코는 국내 제조업 최초로 1994년 환경보고서, 2010년 탄소보고서를 발간했다. 뿐만 아니라 환경 분야를 포함한 지속가능경영 정보를 기업시민보고서로 발간하여 투명하게 공개하는가 하면, 2021년 4월에는 '기후변화재무정보 공개 태스크포스TCFD: Task Force on Climate-related Financial Disclosures'의 권고안에 대해 국내 제조업 최초로 지지를 선언하기도 했다.

또한 포스코는 2019년 국내 최초로 후판, 선재 등 8개 대표 철강제품에 대해 환경성적표지인증을 취득했다. 그중 열연, 후판은 타 경쟁사의 동종 제품보다 생산 단계의 온실가스 배출이 4% 이상 적기 때문에 환경부로부터 '저탄소 제품' 인증을 받아 그 친환경성을 인정받기도 했다.

실천사례

친환경 스테인리스 개발 및 국제 인증을 통한 고객 니즈 대응

중국 장가항시에 위치한 포스코장가항불수강유한공사POSCO Zhangjiagang Stainless Steel, 이하 PZSS는 포스코와 중국의 강소사강집단유한회사가 합자하여 설립한 스테인리스Stainless Steel, STS 생산 전문기업이다. 1997년 설립 이후 지속적인 기술개발과 혁신을 거듭해 연 100만 톤의 생산능력을 보유한 기업으로 성장하였으며, 이제는 양적 성장에서 한걸음 더 나아가 저탄소, 친환경 생산체계를 강화해 나가고 있다. 특히, 친환경 제품에 대한 고객사의 니즈에 대응하고 포스코의 탄소중립 로드맵과 중국정부의 탄소중립 선언에 발맞추고자 최선의 노력을 다하고 있다.

PZSS에서 생산하는 'Green STS'는 이러한 노력의 대표적 결실이라 할 수 있다. 일반적으로 스테인리스는 스크랩, 니켈, 크롬 등을 활용하여 생산하는데, 재활용 금속폐기물인 스크랩의 투입 비중을 높일수록 환경에 긍정적 영향을 주는 것은 두말할 나위가 없다. 하지만 크기, 모양, 성분 등이 천차만별인 스크랩 투입 비중을 확대할수록 추가 공정과 세심한 생산관리가 필요하며, 이는 제품 품질, 생산성, 가격 등에 영향을 미치게 된다. 이에 PZSS는 스크랩 최적 활용 방식과 생산성 향상에 대한 지속적 기술 연구로 스크랩 투입 비중을 90%까지 확대한 'Green STS'를 개발하였다. 통상 PZSS에서 생산하는 스테인리스의 스크랩 투입 비중이 20% 수준임을 감안해볼 때 이는 매우 우수한 성과이며, 타사 대비 톤당 에너지 소비량의 50% 수준, 탄소배출량의 70% 수준을 저감한 스테인리스를 생산할 수 있게 되었다.

하지만 친환경 생산방식을 적용하는 것만으로는 시장의 즉각적인 반응을 이끌어 내기가 쉽지 않았다. 특히 'Green STS'의 우수성을 널리 알리는 작업이 필수적이었다. PZSS는 'Green STS'의 친환경성을 객관적으로 공인받을 수 있도록 국제 인증을 적극 추진하여 2021년 2월 중국 스테인리스 최초로 영국의 인터텍Intertek이 주관하는 그린리프Green leaf 인증을 획득하였고, 2021년 7월에는 세계 철강업계 최초로 글로벌 인지도가 높은 RCS 인증을 획득하였다. 이에 더하여 2022년 1월 미국의 UL2809 인증을 세계 철강업계 최초로 획득하였다. 또한 고객들이 'Green STS'의 친환경성을 보다 쉽게 알 수 있도록 제품 라벨, 사양서 등에 인증 로고와 함께 스크랩 활용 비율을 표기하여 신뢰를 강화하였다.

이러한 PZSS의 노력은 ESG경영에 동참하는 글로벌 기업의 관심과 판매 증대로 이어지고 있다. 특히 세계 최대 커피브랜드 S사의 텀블러를 독점 제조하는 글로벌기업과 공급계약을 체결하였으며, 한 글로벌 스마트기기 제조사도 자사의 제품에 'Green STS'를 활용하기로 결정하였다. 또한 중국의 대형 식기제조사와도 공급계약을 체결하였으며, 유명 SNS사의 신규 웨어러블기기에도 'Green STS'를 사용하기 위한 협의를 진행하고 있다. PZSS는 이러한 성과를 통해 'Green STS'의 판매량을 2022년 7,500톤, 2023년 2만 톤까지 늘려나갈 계획이다.

(3) 신사업 · 진출지역 여건을 고려한 맞춤형 환경관리 추진

해외시장에 진출하고자 하는 기업은 기획 단계에서부터 해당 국가와 지역사회에서 요구하는 환경법규 및 제도를 정확히 파악하고, 이행방안을 수립하는 체계를 갖추어 대응해야 한다. 또한 자원사용, 제품생산, 물류 등 비즈니스 프로세스 전반에 걸쳐 사전에 현지의 특성을 고려한 환경관리 주안점을 파악한 후 사업에 착수해야 한다. 예컨대 산 · 알칼리 약품 사용량이 많은 이차전지소재 사업의 경우 화학물질 관리에 대한 점검이 필수적이며, 수자원이 부족한 고산지역의 경우에는 공업용수 확보대책 등이 반드시 고려되어야 한다.

지역에 따라서는 그 지역만의 독특한 환경 리스크가 존재하는 경우가 있다. 이럴 때는 사업 진척 정도에 따라 예상치 못한 환경 이슈가 발생할 수 있으므로, 환경관리를 위한 역량과 인프라를 선제적으로 준비하고 또한 높여 가는 노력이 필요하다. 이를 위해 현지 사업장의 환경담당 인력이 신속하게 높은 수준의 역량을 갖출 수 있도록 체계적인 교육제도를 갖추어야 하고, 지역의 환경전문가 네트워크도 선제적으로 구축할 필요가 있다. 그렇게 해도 해외사업장에서 환경문제가 발생할 경우에는 본사의 환경부서와 협력하여 적극 대응할 수 있도록 글로벌 환경대응체제도 갖추어야 한다.

진출지역 특성에 부합하는 글로벌 환경경영체제 구축

포스코그룹은 중국, 인도네시아, 아르헨티나 등 세계 각지에 사업장을 두고 있으며, 사업영역도 천연가스, 이차전지소재 등으로 다양하다. 다양한 지역에서 다양한 사업을 하다 보면 지역별 혹은 산업별로 국내와는 전혀 다른 여건이어서 환경관리의 중요도와 우선순위도 크게 달라질 수밖에 없다. 이에 포스코는 투자 초기부터 운영에 이르기까지 각 단계별로 환경관리의 양적, 질적 고도화를 위한 로드맵을 마련하려 노력하고 있다.

또 그룹사 및 협력사의 환경 리스크를 체계적으로 진단하고 개선하기 위해 환경관리 경험이 풍부한 직원들로 구성된 환경진단 조직을 신설하여 운영하고 있다. 환경진단 조직은 대략 2년 주기로 전 그룹사를 진단하여 환경 리스크를 사전에 예방할 수 있도록 지도한다. 또 지원이 필요한 국내외 그룹사 및 협력사의 신규 사업장과 조업부서에 대해 수시로 전문적 진단을 실시한다. 환경진단 조직은 그룹사 환경부서의 임원과 담당자가 참석하는 정례 정보교류회를 통해 정부의 정책방향과 우수사례를 공유하며 그룹사 및 협력사의 환경관리 역량을 강화하는 역할도 한다.

생산 관점의 기업시민경영 실천 핵심 포인트

1. 고객가치 제고를 위해 고객이 감동할 수 있는 수준의 품질과 초일류 제품 솔루션을 제공하고, 고객요청에 유연하게 대응할 수 있는 생산체제를 갖춘다.

2. 공급사·협력사와 협력하여 공급망 전체의 품질과 생산성을 제고함으로써 최고 품질의 제품을 경쟁력 있는 원가로 생산한다.

3. 스마트 기술에 기반하여 최적의 설비 상태를 유지하고 고장 없는 강건한 설비 관리를 구현하기 위해 설비전문성을 강화하고 새로운 기술을 지속적으로 학습한다.

4. 나와 동료의 안전을 지키기 위해 안전 관련 지식을 꾸준히 학습하고 안전의식을 지속 함양한다.

5. 현장에 근무하는 모두의 안전을 위해 내가 주인이라는 자세로 위험요인을 스스로 발굴·개선하고 안전지침을 철저하게 준수하며 안전활동에 적극적으로 임한다.

6. 사업장에 출입하는 전 임직원은 비상대응 방안을 철저히 숙지·실천하여 사고발생 시 피해를 최소화하고, 동일한 사고가 반복되지 않도록 예방한다.

7. 안전한 무재해 현장을 만들기 위해 스마트 안전기술 등을 적극 활용하고, 안전문화 확산에 선도적으로 참여한다.

8. 생산과정에서의 환경 영향을 최소화하기 위해 저탄소, 친환경 공정을 적극적으로 구현한다.

9. 과학적이고 체계적인 방법으로 제품 라이프사이클 전 과정의 환경영향을 평가하고 투명하게 공개하여 이해관계자와 소통한다.

10. 사업장이 위치한 국가와 지역의 환경법규를 준수하고, 지역사회의 여건을 고려한 최선의 환경관리를 이행한다.

포스코건설, Smart Safety Solution을 통해
스스로 실천하는 안전현장 구현

유규창

포스코건설은 최신 정보통신기술(IoT, 클라우드, 빅데이터, 모바일)을 활용해 실시간으로 현장정보를 확인하여 건설현장의 안전을 담보해 주는 시스템인 SSS Smart Safety Solution를 운영한다. 예를 들어, 안면인식 기술을 활용해 현장에 출입하는 요원들이 안전모를 잘 착용했는지 체크하고 미착용 인원은 아예 현장 출입 자체를 허가하지 않는다. 또 모든 건설현장에 스마트 상황판을 설치해서 매일 주요 안전사항과 업무지시를 전달하여 근로자가 작업 전에 안전 관련 사항들을 쉽게 파악하고 대비할 수 있도록 도와준다.

이뿐 아니라 현장에서 추락 위험이 매우 높은 개구부(구조물의 뚫린 부위)에 개폐확인 센서를 부착하여 임의로 개폐할 경우 경고음이 발생하도록 해 안전사고를 예방해 준다. 화물을 들어 올리는 호이스트 장치에는 갑작스러운 고장이나 긴급상황 시 작업자가 직접 누를 수 있는 비상벨을 설치해 작업자의 위치와 처한 상황이 바로 중앙상황실로 전달될 수 있도록 했다. 모두 현장에서 즉각적인 안전조치가 가능하도록 시스템화한 것이다.

SSS는 첨단기술을 활용한 시스템이라는 점에서도 훌륭하지만, 기업 시민경영에 입각해서 현장 작업자들이 관리자의 통제가 없더라도 스스로 안전행동을 실천할 수 있는 기반을 만들었다는 점에 더 큰 의미가 있다.

특히 포스코건설은 SSS와 연계하여 'CELL'(셀)이라는 조직관리체계를 도입했다. 본사 직원이 셀 리더를 맡고 협력사 및 일반 작업자들이 셀 소속이 되어 SSS와 연계된 모바일을 통해 상시로 소통하며 서로의 마음을 챙겨 주는 방식으로 SSS가 효과적으로 작동하는 원동력이 되고 있다. 현장 작업자들은 셀을 통해서 현장에서의 고충을 허심탄회하게 이야기하며, 셀 리더는 안전과 관련해 작업자들이 제시한 아이디어를 그냥 넘기지 않고 SSS에 반영해 현장상황에 맞게 지속 개선해 나간다.

이를 통해 포스코건설의 현장은 우수한 안전 시스템에 근로자의 심리적 안정감까지 더해져 안전사고 예방 측면을 강화할 수 있게 되었다. 안전시스템에 스마트 기술을 적극 활용하고 이에 더해 현장 근로자들의 마음까지 챙김으로써 근로자들이 자발적으로 안전을 중요시하고 체감할 수 있도록 만든 것이다.

포스코인터내셔널, 중소·벤처기업과
공생가치를 창출하는 글로벌 마케팅 협업포털 운영

포스텍 기업시민연구소

포스코인터내셔널은 국내 중소·벤처기업을 포함한 비즈니스 생태계 활성화를 위해 '중소 벤처기업 글로벌 마케팅 협업포털'을 운영하고 있다. 이는 경계확장이론Boundary Spanning Theory 4 측면에서 '경계확장자 활동'으로 정의할 수 있으며, 중소·벤처기업이 성장할 수 있도록 경계를 확장하는 데 큰 도움을 주고 있다.

우리나라가 고도성장을 이룰 수 있었던 근간은 수출주도형 성장전략이었다. 하지만 이러한 수출주도형 성장모델은 글로벌 무역 환경의 변화에 따라 다양한 문제에 직면했는데, 최근 미·중 무역 분쟁, 세계 경기 침체, 신보호주의 무역기조의 확산 등 다수의 통상 이슈들로 인해 수출제약요인이 현저히 늘어나고 있다. 또한, 글로벌 팬데믹 사태를 초래한 COVID-19로 인해 전 세계적으로 수많은 사상자가 발생하는 등 글로벌 시장의 불확실성은 크게 증가하였다. 이런 상황에서 특히 중소·벤처기

---

4 환경 변화에 민첩하게 대응하기 위해 외부의 요구를 내부 조직에 연결 및 반영하는 것을 의미한다.

업들은 지속성장을 위한 지리적, 사업적 경계를 확장하는 데 과거보다 더 큰 어려움을 겪고 있다.

포스코인터내셔널은 창업 시부터 도전과 상생의 DNA가 내재화 되어 있어서 중소기업과의 협업을 통해 동반성장하는 상사형 사업모델을 가지고 있었다. 이에 더하여 2018년 포스코그룹 차원의 경영이념으로 '기업시민'이 선포되자 보다 적극적으로 공생가치를 창출할 수 있도록 지속가능한 비즈니스 모델을 모색하던 중 중소·벤처기업들이 수출에 어려움을

그림 2-5 — 중소·벤처기업 글로벌 마케팅 협업포털

겪고 있다는 소식에 주목하였다. 그리고 회사가 보유한 해외 네트워크를 활용하여 이들의 해외진출을 도우면서 전사의 역량을 통합관리하여 성과를 창출할 수 있는 새로운 비즈니스 체계를 구축하게 되었다.

이렇게 탄생한 것이 바로 '중소·벤처기업 글로벌 마케팅 협업포털'이다. 이는 포스코인터내셔널의 글로벌 영업망을 활용하여 글로벌 비즈니스에 어려움을 겪는 국내 중소·벤처기업들의 수출과 해외사업 역량, 해외 연구개발 등을 지원하는 시스템이다. 포스코인터내셔널은 보다 전문적인 지원을 제공하기 위해 온라인 포털 시스템과 전담조직을 만들어 기업시민사무국 내에서 운영하고 있다.

그 결과 포스코인터내셔널은 국내 중소·벤처기업들이 성공적으로 해외시장에 진출하는 데 크게 기여할 수 있었다. 대표적으로 의료용품을 만드는 유망 중소기업 ㈜젠바디의 해외 판로를 개척한 사례가 있다. ㈜젠바디는 전 직원이 60명 정도 규모인 작은 기업으로, 코로나19 신속진단키트 제작 기술을 보유하고 있었다. 그러나 해외판로를 개척해 본 경험이 없어 도움을 요청해 왔다. 이에 포스코인터내셔널은 사업장이 있는 인도네시아에 ㈜젠바디의 진단키트를 기부하였고, 이를 계기로 현지에서 인지도가 높아진 ㈜젠바디는 2020년 7월 1만 5천 달러에 달하는 수출계약을 체결할 수 있었다.

유망 중소·벤처기업에 사업기회를 제공하고 공생가치를 창출한 사례는 또 있다. 서울대학교 기술지주회사의 자회사인 ㈜코코링크는 슈퍼컴퓨팅 전문기업으로 석유가스 탐사자료 등을 처리할 수 있는 역량을 보유하고 있었지만 마땅한 사업 기회를 찾지 못하고 있었다. 포스코인터내셔

인도네시아에 ㈜젠바디
COVID-19 신속진단키트
기부 (위)

㈜코코링크와 미얀마 광구
인공지진파 정밀 분석
협업 모습 (아래)

널은 ㈜코코링크의 우수한 역량을 확인한 뒤 2020년 6월부터 업무협약을
체결하여 미얀마 가스전 관련 데이터처리 사업 기회를 제공하였다. 이를
통해 ㈜코코링크는 해외 가스전 데이터처리 사업 경험을 확보할 수 있게
되었고, 포스코인터내셔널은 외국 업체로 나가던 고급정보를 확보하고
비용절감도 달성할 수 있었다.

이렇게 중소 벤처기업과 공생가치를 창출하기 위해 '글로벌 마케팅 협
업포털'을 오픈하고 운영한 포스코인터내셔널은 중소 · 벤처기업의 수출
지원과 글로벌 차원의 경계확장을 지원하는 '경계확장자'로서 대표 사례
라고 할 수 있다.

고객 성공 및 산업생태계 발전을 이끌어내는 확장된 마케팅을 지향하라

마케팅의 대가인 미국 노스웨스턴대의 필립 코틀러 Phillip Kotler 석좌 교수는 마케팅을 "기업이 고객을 위해 가치를 창출하고, 강력한 고객관계를 구축하여 고객에게 가치를 얻는 과정"으로 정의한다. 다시 말하면 마케팅은 단순히 생산된 제품을 판매하는 행위가 아니라, 고객을 최우선으로 하는 마음가짐과 융합적 사고를 바탕으로 고객의 요구를 충족시키고 시장을 선도해 나가는 행위인 것이다.

기업시민을 실천하는 기업의 마케팅 부서는 고객의 니즈와 시장에 대한 통찰력을 기반으로 고객의 성공을 지원하고 비즈니스 파트너와 함께 강건한 산업생태계를 조성해 나가야 한다. 단기적 관점의 판매증진과 이익 극대화를 넘어 고객과 함께 성장하는 공생가치를 창출하고, 산업 전반에서 강건한 생태계를 구축·확장시켜 상호 윈-윈하는 가치를 만들어야 한다는 것이다.

마케팅 부서에서 기업시민경영을 적용할 때 고려해야 할 영역을 정리하면 다음과 같다.

1) 고객사의 기술역량 강화 지원

2) 수요산업 변화를 선도하는 신시장 개척

3) 네트워크, 인프라, 브랜드, 지식을 고객과 공유

1) 고객사의 기술역량 강화 지원

지금처럼 기업 간 가치사슬이 복잡하게 연계되어 있는 시대에는 어느 한 회사의 제품이 최종소비자에게 직접 전달되어 사용되기도 하지만, 다른 제조사의 가공과정을 거쳐 새로운 부가가치를 추가한 후 최종소비자에게 전달되는 경우가 많다. B2B 기업뿐만 아니라 B2C 기업의 제품도 소비자의 니즈 다변화에 따라 새로운 서비스와 결합해 제공되기도 한다.

따라서 지금의 마케팅은 최종소비자만을 대상으로 하던 과거의 협소한 개념에서 벗어나 보다 넓은 의미로 새롭게 정의되고 있다. 이제 마케팅은 제품의 직접적인 소비자뿐 아니라 잠재고객과 제품을 소재로 사용하는 연계고객 모두를 고려해 이루어져야 한다. 더불어 다양한 소비 플랫폼이 등장하고 제품을 구매하는 방식이 다변화하고 있으므로, 플랫폼, 금융 등 다양한 이해관계자와 소통하고 연계하여 가치창출 방안을 모색하는 역할도 수행해야 한다.

특히 B2B 비즈니스를 하는 기업은 자사 제품이 고객사의 공정을 거쳐 새로운 부가가치를 더한 후에 최종소비자에게 전달되는 만큼 고객사와 더더욱 유기적이고 밀접하게 연결되어 함께 성장하는 파트너 관계를 만들어 가야 한다. 자사의 생산체계에서 만들어진 제품과 서비스가 최상의 품질을 유지한다는 수준의 개념을 뛰어넘어, 고객사의 생산현장에서 더 나은 가치를 품은 고부가가치 제품으로 재탄생할 수 있도록 이용기술을 지원하고 품질에 대한 이슈를 함께 해결하는 것도 B2B 마케팅의 중요한 역할이 된다.

이러한 관점에서 보면, 고객과 중장기적으로 동반성장하기 위해 회사의 기술력과 고객사의 전문지식을 함께 활용하여 신제품을 개발하고 시장을 선도하는 역할도 마케팅의 범주에 들어오게 된다. 이러한 인식을 가지고 고객사에게 새로운 제품을 제안하여 고객사의 제품경쟁력을 높이는 한편, 이를 위해 고객사의 생산성 증진 방안까지 함께 제안한다면 고객사의 경쟁력을 높이는 데 크게 기여할 것이다. 선도적인 제품을 개발했다 하더라도 고객이 이를 적재적소에 활용하지 못하면 무용지물이기 때문에, 고객이 경쟁력 있는 제품을 개발할 수 있도록 기술과 솔루션을 제공하는 것 또한 필요한 일이다.

실천사례

포스코 지원 통해 '전화위복'을 이룬 D 고객사

D사는 냉간압연 제품을 제조하는 포스코의 고객사로서, 포스코에서 구매한 고탄소강 열연코일 제품을 산세pickling5 처리한 후 가공하여 자동차

---

5 금속 표면을 강한 산(acid) 용액을 이용해 청정하게 만드는 과정이다. 주로 연속공정에서 열간 압연된 코일의 표면에 붙은 산화성 스케일(녹)을 화학적으로 제거하는 공정을 말한다.

부품사에 공급하는 회사이다.

이 회사는 최근 심각한 문제에 직면한 적이 있다. 고객사인 자동차부품사들이 그동안 요구한 적이 없었던 새로운 품질기준을 제시했기 때문이다. 고탄소강은 제조 과정에서 강판 표면이 공기와 접촉하면서 자연적으로 내부산화층이 발생하게 된다. 그런데 이에 대해 자동차부품사들이 더욱 엄격한 기준을 제시함에 따라 D사는 기존보다 훨씬 강화된 산세 작업을 해야만 했다. 이를 충족하자면 산세 작업에 더 많은 시간이 소요돼 기존 대비 최대 10분의 1 수준까지 생산성이 하락할 상황이었다. 심각한 어려움에 직면한 D사는 결국 포스코에 지원을 요청했다.

지원요청을 받은 포스코는 연구, 생산, 기술, 마케팅 분야의 역량을 총동원하여 솔루션을 도출하기로 하고 이를 수행할 '워킹그룹'을 구성했다. 워킹그룹은 산화 기준을 충족시키면서도 생산성을 향상시킬 수 있는 산세 조건을 찾기 위해 다양한 방안을 강구했다. 이를 통해 온도, 농도 등 최적의 조건을 찾아냈다. 또 산세반응을 촉진시키는 촉진제를 활용하여 산세 속도를 4배 이상 향상시키는 데에도 성공했다.

하지만 여전히 난제가 있었다. 고객사의 산세공장에서는 작업자가 수작업으로 기기를 작동하다 보니 임의적인 판단이 개입해 최적의 산세 조업조건이 지켜지지 않는 것이다. 문제를 해결하기 위해서는 사람이 하던 수작업을 AI로 대체해야 했다. 이에 포스코는 또다시 연구·기술 역량을 총동원하여 고객사를 위한 AI 제어 모델까지 개발하기에 이르렀다.

그 결과, 고객사인 D사는 까다로운 고객의 요구조건을 모두 충족시켜 당면한 문제를 완전하게 해결한 것은 물론 생산성도 기존보다 1.6배 향상시키는 성과를 이루어 냈다. 게다가 공정 개선으로 연간 수십억 원 이상의 원가절감도 가능하게 되어 수익성이 크게 향상되었다. 이에 힘입어 D사는 글로벌 부품사들에게 기존보다 두 배 이상의 고급재를 판매하는 성과를 거두었다.

2) 수요산업 변화를 선도하는 신시장 개척

점점 다변화하는 고객 수요에 대응하려면 미래 고객의 니즈에 대한 통찰insight을 바탕으로 고객사가 원하는 제품을 적기에 제공하기 위해 노력해야 한다. 그 일환으로 마케팅은 제품을 개별화된 독립적 개체로 인식하지 않고 시장과 유기적으로 연결된 패키지라는 관점으로 파악하는 종합적인 시각을 갖추어야 한다. 단순한 판매량 증대, 이윤 추구에 방점을 두기보다는 고객과 산업의 성장을 위해 필요한 제품이 무엇인지를 먼저 고민해야 한다는 것이다.

예를 들어, 최근 친환경 제품에 대한 니즈가 커지고 있는데, 이런 상황에서는 고객의 친환경 니즈가 어떤 것인지를 먼저 파악하고, 이러한 니즈를 충족하여 친환경 문화를 확산하는 데 자사의 제품이 어떻게 기여할 수 있는지 고민한 후에 필요한 제품의 개발활동을 해야 한다는 것이다.

따라서 마케팅 부서 또는 담당자는 자사의 산업뿐 아니라 고객사의 산업에 대해서도 이해를 갖추고 그 산업 분야에서 어떠한 변화가 일어나고 있는지 예의 주시해야 한다. 그래야 수요산업의 변화에 발맞춰 자사의 신시장을 개척할 수 있으며, 자사의 지속적인 수익 창출과 함께 고객사와의 동반성장을 실현해 나갈 수 있다.

실천사례

'e Autopos'로 미래 모빌리티 혁신을 리드해 나가는 포스코

포스코는 수요산업의 변화를 선도하고 고객사에게 미래에 적합한 제품을 선제적으로 제안하는 마케팅 활동을 통해 산업환경의 변화에 적극적으로 대처하고 있다. 최근에는 포스트 COVID-19 시대를 대비하여 현재의 사업 포트폴리오에 친환경 및 강건재 사업을 새로운 미래 주도적 사업으로 추가하여 재편하고 있다.

포스코의 가장 큰 수요산업 중 하나인 자동차산업은 최근 친환경 미래차 중심으로 사업구조를 급속히 재편하면서 관련 기술 개발에 매진하는 중이다. 이는 철강산업을 비롯한 자동차 소재산업에도 커다란 변화를 가져올 것으로 예상된다. 자동차산업에 대한 매출 비중이 30%가 넘는 포스코는 이러한 산업구조의 변화를 직시하면서, 향후 친환경 미래차 시장에서 철강이 타 소재에 비해 어떤 비교우위를 가질 수 있는지 고민하고 있다.

우선 포스코는 친환경 자동차용 강재를 사용하여 차량 경량화를 달성하는 데 주력했다. 차량 경량화는 자동차의 에너지효율을 높이고 차량의 성능을 제고하는 효과를 가져다주기 때문이다. 포스코는 배터리 무게로 인한 중량 증가에 대응하기 위해 기가스틸Giga Steel을 사용한 포스코 고유의 전기차 차체 솔루션인 PBC-EVPosco Body Concept for Electric Vehicle를 개

그림 2-6 — 포스코 'e Autopos' 브랜드에 포함된 주요 철강제품들

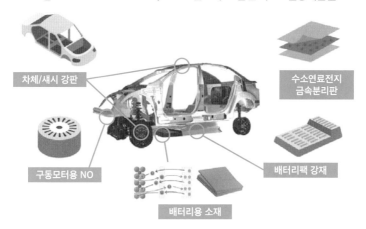

발했다. 또 친환경차 전비 향상을 위한 구동모터용 고효율 전기강판을 개발하여 주요 완성차사에 공급했다.

포스코는 이 같은 친환경 자동차용 강재와 제품 솔루션들을 포함하는 친환경 강재·솔루션 통합 브랜드 'e Autopos'를 2021년 1월에 출범시켰 다. 'e Autopos'는 친환경의 eco-friendly, 전동화 솔루션의 electrified AUTOmotive solution of POSco를 결합한 합성어로, 친환경성, 협업 시너지, 미래 지향을 추구하는 혁신을 통해 친환경차 시장을 선도하겠다 는 의미를 담고 있다.

미래 건설산업 혁신을 위한 포스코의 'INNOVILT 생태계'

자동차산업만큼이나 많은 변화가 일어나는 분야는 건설산업 분야이다. 건설산업에서는 스마트 도시화의 진전으로 도심지역에서는 초고층, 대형 건물의 수요가 증가할 것으로 예상된다. 최근 국내에서 발생한 지진 및 라돈 사태 이후 건설용 자재에 대한 안전성 확보도 중요한 요소로 부상하고 있다. 건설 과정이나 기존 건물의 리모델링 및 재건축 시에 발생하는 건설폐기물에 대한 인식도 높아져서 소재는 물론 건축방식에 대해서도 친환경성을 요구하는 새로운 니즈들이 생겨나고 있다.

이 같은 건설산업의 트렌드 변화에 따라 건설자재에 대한 니즈도 달라지고 있다. 철강은 건설자재로서의 매력도가 매우 높은데, 내화 및 내진 측면에서 기존의 어떤 소재보다 탁월할 뿐 아니라, 공동주택의 비중이 압도적으로 높은 국내시장에서 층간소음을 해소하는 데에도 효과가 높다. 또 라돈 등 유해물질에 대한 걱정에서도 자유로우며, 향후 건축물 폐기 시에도 철강은 얼마든지 수거하여 재활용할 수 있어 친환경성도 우수하다. 이러한 측면에서 건설용 강재, 즉 강건재는 향후 포스코에게 있어 자동차 강판에 버금가는 주력제품으로 성장할 가능성이 높다.

이에 포스코는 강건재를 차세대 핵심 제품으로 집중 육성하고 있다. 또한 오픈 플랫폼을 구축하여, 기술력과 성장성을 갖춘 강건재 고객사가 포스코의 수재를 활용하여 사업을 고도화하도록 지원하는 방안도 추진하고 있다.

이 같은 노력의 일환으로 포스코는 2019년 11월 강건재 통합 브랜드

그림 2-7 — 건축가의 상상력을 '해방'시킨 스틸 커튼월

알루미늄
커튼월

스틸
커튼월

	알루미늄 커튼월	스틸 커튼월
소재 단면 크기	구조 성능 확보 위해 일정 크기 이상의 단면 필요	높은 탄성계수(2.15×10^6kg/cm²) → **알루미늄 대비 단면 40% 감소**
단열 성능	낮은 단열 성능으로 결로 발생 가능성 높음	단열성능 1.51W/m²K → **알루미늄 대비 30% 향상**
내화 성능	용융점 660℃에 내화성능 20분	용융점 1,530℃에 내화성능 60분 → **알루미늄 대비 3배 향상**

'이노빌트INNOVILT'를 론칭하고 건축용 철강재를 차세대 핵심 제품으로 육성 중이다. 강건재는 외부로는 잘 드러나지 않아 전문지식이 없으면 어떤 철강사의 제품으로 만들었는지 알아보기 어렵기 때문에, 강건재 고객사들과 함께 최종 수요자가 쉽게 알아보고 믿고 선택할 수 있도록 통합 브랜드를 출범한 것이다. 이와 함께 강건재 생태계 강건화 관점에서 중소 규모의 제작 시공사를 강소기업으로 육성하는 노력도 병행하고 있다.

이노빌트를 적용한 대표적인 사례로는 N사와 함께 개발한 스틸 커튼월 제품을 들 수 있다. 최근 고급 건물의 외벽에 많이 사용되는 커튼월은 주로 알루미늄으로 제작해 왔는데, 포스코는 N사와 함께 녹슬 걱정이 없는 포스맥PosMAC을 활용해 스틸 커튼월을 개발했다. 이 제품은 기존의 알루미늄 커튼월에 비해 내진 성능은 30% 이상 향상된 반면 제작원가는 14%가량 절감이 가능하다.

미래 친환경에너지 사회를 구현해 나가는 포스코 '그린어블'

2021년 10월에는 친환경에너지용 강재 통합 브랜드인 '그린어블Greenable' 을 론칭하여 시장을 선도하고 있다. 그린어블은 풍력, 태양광, 수소 등 미래 친환경에너지를 생산하거나 수송, 저장 시 적용되는 전문적인 철강 제품과 솔루션을 통합한 브랜드로, '이노빌트', 'e Autopos'에 이어 출범 한 포스코의 세 번째 제품·솔루션 통합 브랜드이다.

그린어블 브랜드의 주요 제품으로는 태양광발전설비의 하부 구조물용 고내식 도금강판, 풍력타워 및 하부구조물용 후판, 수소배관·고압용기 용 열연강판 등이 있다. 포스코는 이들 제품을 기반으로 세계적인 해상 풍력 기업 오스테드Orsted 등과 협력을 강화하면서, 그룹사의 역량을 결 합하여 글로벌시장 공략에 박차를 가하고 있다.

그린어블의 론칭으로 포스코는 철강의 핵심 수요산업이라 할 수 있는 자동차, 건설, 에너지 분야에서 고객사에게 최적의 친환경 제품 및 솔루 션을 공급할 수 있는 마케팅 체제를 갖추게 되었다.

그림 2-8 – 포스코 친환경에너지 대표 브랜드 '그린어블 (Greenable)'

3) 네트워크, 인프라, 브랜드, 지식을 고객과 공유

기업은 자사의 사업 분야에서 영업활동을 영위하면서 네트워크, 인프라, 브랜드, 지식 등 광범위한 무형의 역량을 확보해 나간다. 이러한 자원은 회사의 본질적인 경쟁력을 높이는 데 중요한 역할을 하지만, 궁극적으로는 고객의 성공을 지원하는 원천으로 활용될 때 더욱 큰 의미를 갖게 된다. 기업은 이와 같은 자산을 고객사와 공유함으로써 상호 윈-윈하며 더 큰 가치를 창출할 수 있다.

특히 수출이 큰 비중을 차지하는 한국경제의 특성상 기업이 보유한 국내외 네트워크를 적절히 활용하면 해외 진출 또는 해외사업 확장을 희망하는 중소기업들에게 글로벌시장의 새로운 트렌드와 바이어의 잠재적 니즈, 그리고 관련 정보들을 공유할 수 있게 돼 성공적인 비즈니스 정착에 큰 도움이 된다. 또 해외에 진출한 기업들이 그동안 축적한 경험을 서로 공유하면 기업과 고객사가 함께 신규 고객 발굴, 제품 인증, 현지 물류 지원 등에서 시너지 효과를 낼 수 있어 성공적인 비즈니스 파트너십을 형성할 수 있다.

이처럼 기업이 가진 무형의 자산을 공유하는 것은 중소기업의 해외사업 추진에 크게 기여하게 된다. 특히 브랜드파워가 낮은 중소기업이 대기업의 브랜드를 활용한다면 조기에 시장에 안착할 가능성이 높아진다. 여기에 우수한 품질력이 뒷받침된다면 브랜드를 제공한 기업의 이미지도 동시에 개선되는 효과를 볼 수 있다.

무형의 자산 외에도 대기업이 보유한 유형의 인프라를 활용하는 것은 비용에 대한 부담을 경감시킴으로써, 중소기업인 고객사가 유리한 사업여건을 확보할 수 있도록 돕는 효과를 불러올 수 있을 것이다.

따라서 마케팅은 회사 내에 축적된 유·무형의 자산을 활용해 최종 고객의 비즈니스 가치를 높이는 역할까지 그 범위를 확장해 나가야 한다.

실천사례

보유 경험과 노하우를 고객사와 공유하여 상호 신뢰 강화

포스코는 자사가 가진 전문 역량과 축적된 내부 지식을 활용하여 고객사가 실질적으로 필요로 하는 부분을 지원하는 데에도 많은 관심을 기울이고 있다. 대표적인 사례가 무역통상 관련 분야이다. 무역통상 분야는 복잡하고 까다로운 데다 여건이 수시로 변화하기 때문에 중소 고객사들이 가장 어려움을 겪는 업무영역 중 하나이다. 이에 포스코는 그동안 축적한 경험과 지식을 바탕으로 중소 고객사가 필요로 하는 해외시장의 법규와 수출과정에서의 각종 규제, 현지의 거래 프로세스 등의 정보를 제공하여 실질적인 도움을 주고 있다. 이는 고객사와 공고한 신뢰관계를 구축하는 요소로도 작용한다.

포스코 후판 고객사인 D사의 경우를 보면 경험이 풍부한 대기업의 지원이 얼마나 큰 의미가 있는지를 알 수 있다. D사는 2019년 7월 미국으로부터 풍력 타워에 대한 반덤핑 제소를 당했다. 풍력 타워는 후판을 연 10만 톤 이상 사용하는 중요한 수요처로, 미국 수출 비중이 80~90%에 달한다. 따라서 미국의 반덤핑 조치는 고객사뿐 아니라 포스코에게도 적지 않은 영향을 미친다.

이에 포스코는 제소 내용을 상세히 분석하고 D사 등 고객사들과 대응계획을 공동으로 수립했다. 그리고 자문사 선정방법, 반덤핑에 대한 대응방법 등 포스코가 축적한 피소(被訴) 대응 노하우를 전파하고, 연례 재심절차 등에 대한 교육도 실시했다. 뿐만 아니라 비관세 장벽 등에 대한 대응논리를 함께 개발하고 고객사들이 자료 대응을 잘할 수 있도록 다양하게 지원했다. 그 결과 D사는 예비판정에서 피소된 4개국 기업들 중 가장 낮은 예비판정률을 확보했다. 포스코가 보유한 지식과 경험을 공유함으로써 국내 풍력 고객사들의 피해를 최소화한 것이다.

포스코는 여러 가지 무형자산 외에도 부두, 선박 등 유형의 인프라를 활용하여 운임경쟁력을 갖출 수 있도록 저비용 친환경 운송체계를 구축하여 고객사의 물류비 절감에 도움을 주고 있다. 기존에는 충청·호남권 고객사의 경우 도로운송만 제공해 줄 수 있었으나, 새로 철송 거점을 구축하고 철송 인프라를 개선하여 이들 고객사도 경쟁사 대비 저비용으로 운송루트를 확보할 수 있도록 지원했다. 이를 통해 고객사는 운송비 절감, 철송 운영사는 매출 증대, 포스코는 친환경 운송수단으로의 전환이라는 공생가치를 창출하는 효과를 가져왔다.

이와 같은 운임경쟁력 확보는 고객사의 비용절감에 기여할 뿐 아니라 저가의 수입재를 효과적으로 방어하는 물류 전진기지 역할을 수행하는 기반이 되기도 했다. 시황 악화에도 불구하고 주요 고객사의 수입재를 포스코 소재로 신속하게 전환하여 판매량도 확대할 수 있게 된 것이다.

2021년 6월 중소기업 해상운송 지원 MOU 체결

이 밖에도 수출 물량이 소량이어서 배선과 선적에 어려움을 겪는 고객사를 대상으로 포스코 부두 내 정기배선의 여유능력을 활용하여 선박 합적을 지원한 사례도 있다. 이를 통해 고객사는 시중 운임에 비해 운송비를 크게 절감할 수 있었고 계약선사도 선적량 증대 효과를 볼 수 있었다.

마케팅 관점의 기업시민경영 실천 핵심 포인트

1. 최고의 제품을 공급할 뿐만 아니라 이용기술 지원, 공동 제품개발 등 고객이 필요로 하는 솔루션을 제공하여 고객의 기술역량 강화에 앞장선다.
2. 자사 사업에 대한 이해뿐 아니라 고객 산업에 대한 식견과 통찰을 바탕으로 미래에 적합한 제품을 선제적으로 제안하여 시장변화를 리드한다
3. 네트워크, 인프라, 브랜드, 지식 등 회사가 보유한 유·무형의 자원을 고객과 공유하여 고객의 비즈니스 가치창출에 기여한다.

경제적 소싱을 넘어
지속가능한 소싱으로 구매하라

구매는 회사 비즈니스의 시작으로서 사업의 기초재료(원료·설비·자재 등)를 제공해 주는 역할을 담당한다. 구매는 수많은 외부 비즈니스 파트너들이 회사와 협력관계를 맺을 때 가장 처음 마주하는 최일선에 위치하기 때문에 회사에 대한 첫인상을 심어 주는 얼굴과도 같다. 첫인상은 소통의 시작이며, 이후에 이루어지는 관계에서 이를 준거로 삼아 상대의 말이나 행동을 인식하고 판단하게 될 소지가 크다. 그런 의미에서 구매는 비즈니스 파트너들이 회사에 대해 긍정적인 인식을 갖게 하고 건설적인 협력관계를 구축할 수 있는 출발점이라 할 수 있다.

기업시민경영을 실천하기 위해서는 공정과 제품에서 최상의 가치를 창출해 낼 수 있도록 구매 부문의 5정正·定을 바탕으로 한 건강한 구매를 보장해야 한다. 5정이란 정품正·定品, 정량正·定量, 정시正·定時, 정가正·定價, 정도正道를 의미한다. 구매 시 가장 기본적으로 지켜야 할 실천 원칙이다. 5정을 바탕으로 한 구매는 철저한 윤리의식을 기반으로 공정한 기준에 의해 판단하고 투명하게 소통하는 것

(정도)에서 출발하여, 최적의 품질(정품)과 물량(정량)을 적절한 시기(정시)에 합리적인 가격(정가)으로 조달함으로써 최상의 가치를 창출하는 과정이다.

그러므로 기업시민 관점에서 구매는 공정하고 투명하게 윤리적으로 실행되어야 하는 업무의 한 과정으로서, 당장의 비용 절감을 넘어 환경과 사회에 미치는 영향까지 고려하여 지속가능한 소싱을 구현해야 한다.

구매 부서에서 기업시민경영을 적용할 때 고려해야 할 영역을 정리하면 다음과 같다.

1) 공정하고 투명하며 윤리적인 구매 실천하기
2) TCO[6] 관점의 종합적인 최적가치 구매로 진화하기
3) 지속가능한 구매정책sustainable purchasing policy

1) 공정하고 투명하며 윤리적인 구매 실천하기

공정·투명·윤리를 실천하는 것은 단순한 구매 업무의 기준이 아니라 기업시민 정신과 직결되는 것이다. 공정·투명·윤리가 무너지면 개인과 해당 부서뿐만 아니라 회사 전체에 악영향을 끼칠 수 있기 때문이다. 외부로부터 비난을 받아 기업 브랜드와 평판이 훼손

---

6 TCO: Total Cost of Ownership(총소유비용)

되는 것은 물론, 전체 임직원의 긍지와 자부심을 떨어뜨리고 주인의식을 사라지게 하며 사기 저하까지도 불러올 수 있다. 더 나아가 회사가 추구하는 기업시민 경영이념 자체가 훼손될 수 있어 그 여파가 일파만파로 확산될 소지가 크다.

기업시민은 개별 회사의 의지와 노력만으로 실현되지 않는다. 비즈니스 파트너들을 포함한 이해관계자들과의 소통과 공감을 통해 그 의미가 완성된다. 따라서 공정·투명·윤리의 실천 또한 거래상대방의 입장에서 인정받는 것이 중요하다.

우선 공정성은 내가 비즈니스 파트너사의 거래 담당자라고 생각했을 때에도 우리 회사의 구매정책이 공정하다고 인정할 수 있을 때 비로소 확보되는 것이다. 여기에는 거래 상대방의 제안에 대해 열린 마음으로 경청하고 공정한 기회를 제공하는 것도 포함된다.

투명성을 확보한다는 것은 상대방에게 거래과정을 투명하게 공개할 수 있고, 모든 업무 과정을 동료와 가족들에게 보여 줄 수 있을 정도로 떳떳해야 한다는 의미이다. 또 윤리의식은 자신과 동료에게 부끄럽지 않게 행동하여 기업시민을 실천하는 구성원으로서, 또 구매 전문가로서 자존심과 명예를 지키기 위한 최우선 가치이다. 마음 깊이 명심하면서 모든 업무과정에서 반드시 실천해야 하는 것이다.

실천사례

온라인 구매 정보 공유를 통한 투명성 제고

포스코는 기존의 거래기업뿐만 아니라 거래가 없는 기업들도 포스코 통합구매 사이트를 통해 자사의 제품을 자유롭게 홍보할 수 있도록 '포스코 자재 카탈로그'(MRO e-카탈로그) 시스템을 도입했다. 이를 통해 포스코는 공정하고 투명하게 업무를 진행하는 것은 물론 경쟁력 있는 새로운 파트너사를 지속적으로 발굴하는 효과를 거두고 있다. 거래기업들도 과거처럼 제품을 홍보하기 위해 포스코를 방문하고 여러 절차를 거치는 수고를 줄일 수 있게 되었다.

한편, 공급사와의 갈등 상황이 발생하는 경우 공정하고 투명하게 분쟁을 해결하기 위해 2020년 2월 분쟁해결 내부심의위원회를 신설했다. 이를 통해 거래과정에서 발생한 공급사의 애로사항에 대해 관련 부서 담당자가 참여한 가운데 합리적인 해결방안을 모색함으로써 공급사의 어려움을 조기에 해소하기 위해 노력하고 있다.

실천사례

포스코케미칼의 계약정보 사전공개제도

포스코케미칼은 2020년부터 '계약정보 사전공개' 제도를 운영하고 있다. 수의 또는 장기계약의 경우, 기존 계약사가 물품에 대한 정보를 더 많이 가지고 있기 때문에 새로 입찰에 참여하는 다른 공급사들은 상대적으로 준비기간이 짧고 정보도 제한되는 문제가 발생한다. 이는 신규 참여사에게는 보이지 않는 진입장벽으로 작용하는 것이다.

이에 포스코케미칼은 기술, 사양 등 특별히 보안을 유지해야 하는 일부 품목을 제외하고 상시 공개가 가능한 품목을 대상으로 계약정보를 공개하고, 입찰 전에 충분한 검토기간을 제공하여 입찰과정의 공정성을 강화했다. 이러한 제도는 업무의 공정성과 투명성을 높여 주고 파트너사와의 신뢰를 강화할 뿐만 아니라 경쟁력 있는 새로운 파트너사를 지속적으로 발굴할 수 있다는 장점이 있다.

2) TCO 관점의 종합적인 최적가치 구매로 진화하기

구매 업무를 수행할 때는 구매를 통해 회사로 유입되는 원료, 설비, 자재가 회사에서 활용되는 과정 전체를 통틀어 우리에게 얼마만큼의 가치를 제공해 주는가를 포괄적으로 고려하는 것이 중요하다. 말하자면, '구매의 본질이 곧 당장의 원가절감'이라는 단기적 시각에서 벗어나, 물품·서비스를 구매하면서 회사가 지불하는 총비용과 그로부터 얻는 총가치를 비교하여 최적의 가치를 선택한다는 인식을 가지는 것이 바람직하다는 것이다.

지속가능한 구매를 실천하는 회사에서는 생각의 틀을 전환하여 TCO 관점에서 구매비용을 계산한다. TCO란 물품이나 서비스를 구매할 때 초기 구매가격뿐만 아니라 수리·유지비용, 품질관리비용, 환경비용, 교체비용 등 제반 비용을 함께 고려하는 개념이다.

예를 들어, 설비 투자 시에 최초 투자비는 낮지만 기능이 떨어지거나 수명이 짧아 오히려 설비 운영과정에서 수리, 교체 등 추가비용이 발생한다면 TCO 관점에서는 비용이 높은 것이다. 원료의 경우에도 초기 구매가격이 낮다 하더라도 환경 유해물질이 발생하거나 설비에 부담을 주어 부품 고장 등이 발생한다면 TCO 관점에서의 총비용은 더 높아지는 것이다.

구매 시에는 재고관리 측면도 감안해야 한다. 재고를 많이 가지고 있으면 활용부서 입장에서는 안정적으로 조업할 수 있고 돌발상황에도 신속하게 대응할 수 있다는 장점이 있는 반면, 회사 차원에서는 재원 투입에 따른 기회비용과 재고 관리비용이 증가하는 단점이 있다. 적정한 수준의 재고가 유지되어야 한다는 뜻이다. 또한 구매 업무를 체계적으로 관리하고자 한다면 사람에 의한 재고관리가 아니라 자재의 납품주기, 사용빈도, 사용량 등 데이터를 바탕으로 시스템화하여 스마트하고 과학적인 방법으로 관리해야 한다.

입찰과정도 다르지 않다. 최저가 입찰을 고집한다면 단기적으로는 구매단가를 낮출 수 있고 계약을 따낸 공급사도 당장 매출을 늘릴 수 있어 서로에게 좋을 것 같지만, 이러한 방식이 반복될 경우 공급사 간 과도한 가격경쟁을 유발하고 장기적으로는 공급사의 경영이 악화될 것이기 때문에 결국은 산업생태계가 취약해질 수 있다는 점을 고려해야 한다.

이처럼 구매 분야에서 기업시민을 실천하고자 한다면, 당장의 원가절감에 안주하기보다 거래 상대방과의 신뢰를 바탕으로 가격과 품질을 고려한 최선의 구매 의사결정을 내림으로써 상호이익을 창출하는 상생의 거래문화를 정착해 나가는 것이 중요하다.

최저가낙찰제 폐지로 생태계 건전성 향상 도모

2018년 포스코는 제철소에서 사용할 설비·자재를 구매하면서 국내 대기업 최초로 최저가낙찰제를 폐지하고 저가제한입찰제를 도입했다. 입찰에 참여하는 공급사가 물량을 확보할 목적으로 지나치게 낮은 가격을 제시할 경우 낙찰대상에서 제외함으로써 공급사의 과도한 저가입찰을 방지한다는 것이다.

이에 따라 공급사들은 적정 수준의 이윤을 확보할 수 있게 되어, 고용 안정성을 유지하고 연구개발에도 투자하는 등 장기적인 성장기반을 마련할 수 있게 되었다. 포스코 역시 일정 수준의 품질과 안전을 확보하는 효과를 얻었다. 최저가낙찰제 폐지가 궁극적으로는 산업생태계의 건전성을 높이고 거래 쌍방이 서로 윈-윈하는 결과를 가져온 것이다.

3) 지속가능한 구매정책 만들기

기업시민의 관점에서 보면, 회사의 경영활동은 사회와 별개의 것이 아니라 서로 영향을 주고받으며 함께 성장 발전하면서 회사를 영속하게 만드는 것이다. 그러므로 구매 업무를 재무적 비용 관점으로만 인식하지 말고 구매활동을 통해 사회와 환경에 미칠 수 있는 영향까지 함께 고려하여 포괄적으로 판단해야 한다. 특히 거래 상대방이 환경, 사회, 지배구조 등 ESG 관점에서 리스크 요인이 없는지 반드시 점검하여 구매 의사결정에 반영할 필요가 있다.

좋은 기업은 선제적으로 ESG 측면의 리스크까지 감안하는 수요자가 됨으로써 공급자들도 자연스럽게 ESG 이슈를 관리하도록 유도하는 기업이다. 이를 통해 기업이 속한 산업생태계 전반의 지속가능성이 높아지는 효과를 기대할 수 있다.

이제 우리나라 기업들은 한국 안에서만 움직이는 기업이 아니다. 글로벌시장에서 활동하는 기업이다. 국제사회에서 이슈가 되는 분쟁광물이나 인권침해의 직접적인 규제대상이 되기도 한다는 뜻이다. 그러므로 우리에게 원료나 설비, 자재를 공급하는 기업을 포함한 전체 가치사슬 내에 관련한 문제가 없는지 면밀하게 살펴야 한다. 필요하다면 파트너사와 분쟁광물이나 인권침해 리스크에 공동으로 대응하기 위해 새로운 협력방안을 모색하여 함께 추진하는 방안도 필요하다.

실천사례

지속가능한 구매를 위한 'ESG 구매체계' 운영

포스코는 2021년 지속가능한 구매정책 구현을 위해 '포스코형 ESG 구매체계'를 발표했다. 포스코의 ESG 구매체계는 크게 3가지로 구성된다.

첫째, 회사는 신규 공급사 등록 단계에서부터 환경법·공정거래법 위반, 부당거래행위 등과 관련하여 ESG 자격을 심사하고, 기존 공급사에 대해서도 성과 평가 시 ESG 평가 비중을 확대했다. ESG 평가이 주요항목은 친환경 인증 건수, 사회봉사활동, 환경 및 안전·공정거래·부패방지 교육 실적, 환경보건안전 인증 등이다.

둘째, 스크랩 등 폐자원을 재활용Recycle하고 중고물품을 재사용Reuse하며 유해화학물질 배출과 에너지 사용을 줄여 주는Reduce 친환경 물품의 구매를 2025년까지 지금의 2배에 가까운 수준인 연간 20억 달러 규모로 대폭 확대한다.

셋째, 더 나아가 ESG 역량이 부족한 공급사에 대한 교육 등 지원활동을 강화하여 전체 공급망에서 ESG가 정착되도록 노력한다.

실천사례

국내 철강업계 최초로 '책임 있는 광물구매연합' 가입

포스코는 2020년 5월 21일, 윤리적으로 책임감 있는 광물 조달과 엄격한 공급망 관리 강화를 위해 국내 철강업계에서는 최초로 '책임 있는 광물구매연합RMI: Responsible Minerals Initiative'에 가입했다. RMI는 책임광물의 원산지를 추적조사하고 생산업체에 대한 모니터링 및 인증을 실시하는 글로벌 협의체로, 분쟁지역에서 생산되었거나 강제노동, 아동노동과 같은 불법 노동행위와 환경문제 등을 야기하는 광물의 사용을 규제하고 있다.

포스코는 철강 생산공정에 사용되는 주석과 페로텅스텐, 이차전지소재사업의 필수 원재료인 코발트 등을 구매할 때 사회적으로 비난받을 수 있는 행위를 한 공급사와는 거래를 제한한다는 원칙 아래 분쟁지역 원료를 사용하지 않고 있다. 나아가 그룹 차원에서 책임광물 종합관리체계를 구축하고 대응방침을 일원화하기 위해 '포스코그룹 책임광물 관리체계'를 구축하고 있으며, 광물 구매과정을 엄격하게 모니터링하며 공급망을 관리하고 있다.

실천사례

사회적 친화기업 제품 구매우대 정책

포스코는 취약계층의 자립을 지원하고 사회문제 해결에 동참하기 위해 2019년 12월 국내 민간기업 최초로 '사회적 친화기업 구매우대제도'를 도입했다. 장애인기업, 사회적기업, 사회적협동조합 등 사회적 친화기업이 보다 쉽게 공급사로 등록할 수 있게 거래 문턱을 낮추고, 설비·자재 구매입찰 참여 시 인센티브를 부여하는 우대제도이다. 포스코는 사회적 친화기업이 보다 쉽게 공급사로 등록하여 적정 이윤을 반영해 입찰에 참여토록 함으로써 안정된 수익 확보 및 매출 확대에 기여하고 있다.

실천사례

포스코에너지의 '기업시민 참여기업 우대제도'

포스코에너지는 비즈니스 파트너와 함께 사회가 직면한 다양한 현안 문제에 공감하고 더 나은 세상을 만드는 데 힘을 모으기 위해 '기업시민 참여기업 우대제도'를 도입했다. 취약계층, 고용창출, 성평등, 환경안전 등 4대 분야에서 사회적기업, 가족친화인증기업, 녹색인증기업 등을 우대함으로써 이들 기업과의 거래를 확대하고 인센티브도 부여하는 제도이다. '기업시민 참여기업 우대제도'를 통해 사회적 가치창출에 앞장선 파트너는 구매 입찰 시 최대 5%의 인센티브를 받게 된다.

구매 관점의 기업시민경영 실천 핵심 포인트

1. 거래 파트너사의 입장에서 공정하고 투명하다고 인정받을 수 있도록 회사 편의를 우선하거나 관행에 따르던 업무처리 방식은 지속 개선한다.
2. 구매시점의 비용 절감에 머무르지 않고 구매 이후의 사용과정 및 폐기 · 재활용에 이르기까지 제품의 전 생애주기 관점에서 총소유비용(TCO)을 고려하여 구매 여부를 결정한다.
3. 품질과 가격 측면의 요소뿐만 아니라 거래 상대방의 ESG 리스크도 함께 고려하는 소싱을 통해 산업생태계 전반의 지속가능성을 높여 간다.

함께 동반성장할 수 있는
강건한 산업생태계를 구축하라

동반성장은 말 그대로 비즈니스 파트너와 함께 성장하는 것을 의미한다. 이때 추구해야 하는 지향점은 기업과 파트너사 양측만이 아니라 양사가 속한 산업생태계 전체를 더욱 강건하게 만드는 것이다.

기업은 비즈니스 파트너인 공급사, 협력사, 고객사와 매우 밀접하고 유기적으로 연결되어 있다. 따라서 비즈니스 경쟁력은 어느 한 기업만이 역량을 갖춘다고 해서 완성되지 않는다. 가치사슬에 속한 모든 기업들의 역량에 좌우되는 것이다.

2009년 어느 한 부품사가 공급하던 부품의 불량으로 대규모 리콜 사태에 직면한 일본 자동차기업의 사례를 보면, 산업생태계가 정상적으로 작동하지 않을 경우 품질불량에 따른 생산라인 가동중단 등 대규모의 손실이 발생한다는 것을 알 수 있다. 이것이 바로 동반성장 활동이 중요한 이유이다.

따라서 기업시민경영을 추구하는 회사는 먼저 비즈니스 파트너를 대등하고 독립적인 주체로서 공동의 생태계를 함께 구성하는 동업자로 인식해야 한다. 그리고 비즈니스 파트너들이 동반성장 활동의 능동적 실행주체로서 진화, 발전할 수 있도록 긴밀하게 협업하고 Together with POSCO, 이를 통해 가치사슬 내에 있는 모든 기업이 기업시민경영에 공감하고 함께 실천하도록 유도해야 한다.

동반성장 부서에서 기업시민경영을 적용할 때 고려해야 할 영역을 정리하면 다음과 같다.

1) 시혜적 나눔에서 공생으로 진화하는 동반성장
2) 안전·환경·지역상생을 포함하는 동반성장
3) 가치사슬 내 모든 비즈니스 파트너가 동반성장 주체로 참여

1) 시혜적 나눔에서 공생으로 진화하는 동반성장

산업생태계의 경쟁력은 생태계를 구성하는 모든 이해관계자의 역량이 다 함께 높아질 때 한층 강화된다. 독일이 제조업 강국으로 인정받는 것도 어느 한 대기업이 특출해서가 아니라 그 이면에 수많은 히든챔피언hidden champion, 즉 강소기업들이 존재하기 때문이다.

최근 COVID-19의 여파로 글로벌 공급망이 붕괴되어 많은 기업들이 어려움을 겪었다. 하지만 그 와중에도 미리 대비가 되어 있던 기업들은 비교적 타격이 적었다. 오랜 기간 동반성장 활동을 통해 설비·자재의 국산화율을 높여 왔던 기업들은 국제교역이 사실상 중단되는 위기 속에서도 버텨 낼 수 있었던 것이다.

우리나라 산업계에서 확산되는 성과공유제BS: Benefit Sharing는 비즈

니스 파트너와 공동으로 개선과제를 수행하고 그 성과를 서로 나누는 프로그램이다. 단순히 원가절감을 위해서가 아니라 공생가치 창출이라는 개념을 도입했다는 측면에서 기업시민경영을 충실히 구현한 대표적 사례로 볼 수 있다.

다만, 그동안의 성과공유제는 공급사 중심으로 이루어진 측면이 없지 않았다. 따라서 앞으로는 고객사의 입장을 중시하고 신사업 영역으로도 그 범위를 확대하여 공급망 전체에서 신속하고 과감한 기술개발이 이루어지도록 지원해야 할 것이다.

앞으로도 성과공유제는 우리나라 산업생태계 전체의 역량을 강화하는 데 중요한 역할을 할 게 분명하다. 이 제도가 공생가치를 창출하는 유익한 제도로 더욱 발전하려면, BS 과제를 수행하는 파트너사들이 정당하고 합당한 보상을 받을 수 있어야 한다. 예를 들어 국산화를 통한 원가절감, 유지비용 감소 등의 성과가 검증되었다면 과제 수행에 참여한 파트너사도 이에 부합하는 보상을 받아야 한다는 것이다. BS에 참여한 파트너사가 실질적으로 만족하면서 역량을 높이는 효과를 불러올 수 있도록 성과를 충분히 공유한다면, 성과공유제의 원래 취지를 살려 모두의 동반성장을 촉진하는 장수長壽 프로그램으로 자리매김할 수 있을 것이다.

실천사례

동반성장지원단을 통한 중소기업 핵심현안 해소 지원

포스코의 전문 역량을 활용해 중소기업 현안 해결을 돕기 위해 출범한 동반성장지원단은 스마트팩토리 구축, ESG 현안 해결, 설비·에너지 효율화, 미래 신기술 도입 등 총 4개 분야에서 맞춤형 컨설팅을 실시한다. 특히 포스코에서 평균 25년 이상의 업무경력을 보유한 전문가들이 중소기업의 문제점을 원점에서 파악하고 개선방안을 도출, 실행을 지원하다 보니 핵심현안 해소에 어려움을 겪던 중소기업들에게 많은 도움이 되고 있다. 2021년에는 총 19개 중소 공급사·고객사를 대상으로 72건의 개선을 지원했는데 대표적으로 I사는 포스코그룹 보유 특허를 이전받아 기술 문제를 해결하고 매출도 대폭 증대되는 우수한 성과를 거두었다.

실천사례

'비즈니스 파트너사 인재양성 지원'

포스코는 2019년까지 누적 60만 명에 달하는 중소기업 임직원을 대상으로 유압제어, 전기용접 등 정비기술에 관한 교육을 지원해 왔다. 그 결과 고용노동부가 주관한 '중소기업 컨소시엄 교육사업 평가'에서 2년 연속 최우수기관으로 선정되었다. 특히 2019년에는 '포유드림 잡매칭' 프로그램을 신설하여 청년 구직자를 대상으로 취업 실무교육을 제공하고 수료생들에게는 거래기업에 취업을 알선하기도 했다. 포스코는 이 프로그램을 통해 청년실업과 중소기업 구인난 해소에 앞장서고 있다.

포스코건설의 성과공유제를 통한 상호 경쟁력 향상

모듈러 전문인 A협력사는 포스코건설과 공동 연구개발 및 성과공유제 협약을 맺은 후 공동주택 옥탑구조물 철골조 모듈러를 개발했다. 종전에는 옥탑에 설치하는 아파트 계단실과 엘리베이터 기계실은 철근콘크리트 방식으로 시공했는데, 현장 설치에 6주 정도 소요되었다. 그런데 A사와 포스코건설이 공동연구를 통해 사전에 공장에서 제작하여 현장에서 조립하는 공법을 개발함으로써 단 7일 만에 시공할 수 있게 되었다. 뿐만 아니라 외부 작업을 최소화하여 높은 곳에서 작업하는 데 따르는 안전 리스크도 최소화했다. 포스코건설은 이 공법을 현장에 적용하며 A사와의 협력을 이어 가고 있다.

2) 안전·환경·지역상생을 포함하는 동반성장

동반성장은 대기업과 비즈니스 파트너사 모두에게 도움이 되는 공생가치 창출을 목표로 한다. 여기서 공생가치는 경제적 가치 외에 사회적 가치를 포함한다.

그러므로 원가절감이나 생산성 제고, 매출 증대 등 경제적 관점의 전통적 개념뿐만 아니라 안전과 환경 등 무형의 가치도 창출할 수 있도록 동반성장 활동을 업그레이드할 필요가 있다. 안전과 환경은 기업의 영속과 생존에 필수불가결한 요소이기 때문이다.

더불어, 비즈니스 파트너와 함께 지역사회 발전에도 관심을 가져야 한다. 지역사회가 건강해야 기업 역시 건실하게 성장할 수 있고, 건강한 기업이 있어야 지역사회도 지속가능한 발전을 기대할 수 있는 법이다. 지역사회와의 상생을 강조하는 이유도 이처럼 공생하며 발전하는 관계이기 때문이다.

실천사례

글로벌 공급사와 함께 지역사회를 위한 매칭펀드 조성

포스코는 글로벌 원료 공급사들과 공동으로 'GEM 매칭펀드'를 조성하여 양국 지역사회 발전과 강건한 산업생태계 조성에 기여하고 있다. GEM 은 '보석'이라는 사전적 의미도 있지만, '사회발전을 향해 한 걸음 더 나아간다Go the Extra Mile'는 뜻을 담고 있는 약어이기도 하다.

2019년 11월 출범한 1호 펀드는 호주의 석탄 공급사인 얀콜Yancoal과 함께 기금을 조성하여 지역 장학사업, 안전 및 환경 개선활동, 협력사 교육 지원, 원주민 취업 연계 교육 프로그램 등을 운영하는 데 사용되고 있다. 2020년 2월에는 미국의 석탄 공급사인 엑스콜Xcoal과 2호 펀드를 체결하여 강원도 옥계지역에 숲 복원사업을 진행했다. 이어 6월에는 호주의 철광석 공급사인 FMG와 3호 펀드를 조성했으며, 전남인재육성재단을 통해 청소년 교육 지원사업에 사용되고 있다.

2021년에는 석탄 공급사인 Anglo American(4호), BHP(5호)와 함께 2020년부터 진행하고 있는 산불피해지역 숲 복원 환경사업과 노후 산림지 숲 복원활동을 지속 전개하는 한편, 활동영역을 넓혀 1호 펀드 공동 조성 공급사인 얀콜과 서울 시내 초등학교 교실에 '교실숲'을 조성하는 활

GEM 4호,
옥계 Diamond 숲 조성현장 (왼쪽)

GEM 2호,
옥계 Emerald 숲 현판 (오른쪽)

동을 통해 일상 속 Net-Zero를 실천하여 쾌적한 학습환경 조성에도 앞장
서고 있다. 또한 브라질 합금철 공급사인 CBMM (6호)과 철광석 공급사
인 Vale (7호)는 브라질 현지에서 저소득층 교육을 목적으로 조성된 기금
을 사용하고 있다.

실천사례

협력사의 안전한 근무환경 지원

포스코는 협력사의 근무환경 개선에서부터 안전수준 향상에 이르기까지
다양한 분야로 동반성장 프로그램의 영역을 확대해 왔다. 2018년에는 협
력사 근무시설 총 1,862개소이 유지보수아 개선을 지원하였는데, 2019
년부터는 안전보호구를 지원하여 협력사 직원들이 안전하고 쾌적하게 근
무할 수 있는 환경을 만드는 데 힘을 보태고 있다. 협력사 직원들의 심리

적 안정감과 '워라밸work life balance' 수준을 높인다는 취지에서 포스코 및 그룹사의 휴양시설을 협력사에 개방하여 상생의 기업문화를 조성하는 데도 앞장서고 있다.

또한 협력사의 임금격차를 해소하기 위해 지속적으로 노력하고 있으며, 포스코 직원과 동일한 수준의 자녀 학자금 등을 지원하기 위해 공동 근로복지기금을 출연하는 등 협력사 직원의 복지 향상을 위해 다양한 동반성장 활동을 추진하고 있다.

실천사례

포스코인터내셔널의 지역사회 동반성장 사례

포스코인터내셔널은 미얀마 양곤에서 미곡종합처리장을 운영하고 있다. 포스코인터내셔널 현지법인과 미얀마에 있는 우리나라 농촌진흥청의 해외농업개발사업센터가 협업하여 현지에서 고품질 벼 생산단지를 만드는 곳이다.

최근에 포스코인터내셔널은 미곡종합처리장 인근에 다양한 벼 품종을 연구할 수 있는 시험재배 연구지를 확보하여 우량품종 벼의 시험재배를 시작했다. 또 포스코로부터 제철 슬래그(광석에서 금속을 빼내고 남은 부산물)를 활용하여 생산한 규산질 비료를 지원받아 시험재배에 투입하기도 했다. 포스코인터내셔널은 이 시험재배의 생산성 증진효과를 분석하고 그 결과에 따라 지역 농가에 홍보하여 우량품종 벼의 재배를 장려할 계획이다.

포스코인터내셔널은 이러한 민관협력사업을 통해 미얀마 미곡종합처리장 인근 농가들이 생산성 향상은 물론 고정 수요처를 확보하여 소득이 향상될 것으로 기대하고 있다. 또한 회사 입장에서는 미곡처리장 사업에 고품질의 벼 원료를 조달받을 수 있을 것이라는 기대도 가지고 있다. 농업을 기반으로 회사와 지역사회와의 공생발전 모델이 만들어질 것이라는 기대이다.

3) 가치사슬 내 모든 비즈니스 파트너가 동반성장 주체로 참여

동반성장은 전담부서가 주도하고 다른 공급사·협력사·고객사는 수동적으로 수혜를 받는 방식의 일방적 모델이 아니다. 가치사슬에 속한 모두가 동반성장의 능동적 주체가 되어 함께 동반성장의 새로운 패러다임을 열어 가는 쌍방향 방식으로 진화해야 한다. 비즈니스 파트너사들이 동반성장의 주체임을 인식하고 스스로 '혁신'과 '성장'을 도모하며 각자가 속한 또 다른 가치사슬을 통해 이를 전파한다면 공생가치 창출에 가속도가 붙고 모두의 공유성과도 빠르게 커질 수 있다.

그러므로 기업시민을 체화한 기업이라면 비즈니스 파트너사들이 동반성장 활동을 통해 얻은 공생가치 창출의 성공 체험과 비전을 그들의 협력사들에게 널리 공유하며 실행을 지원하도록 촉진자facilitator이자 변화관리자change agent의 역할을 수행해야 한다.

그리고 모든 회사 임직원이 저마다의 재능과 역량을 살려 이를 필요로 하는 비즈니스 파트너에게 제공함으로써 공생가치를 극대화할 수도 있을 것이다. 또 앞으로 더 많은 기업들과 교류, 협력함으로써 새로운 동반성장의 계기를 지속적으로 마련하는 것도 중요하다.

실천사례

비즈니스 파트너와 함께하는 동반성장, 기업시민프렌즈

동반성장 활동의 주체가 포스코뿐만 아니라 비즈니스 파트너까지 포함하여 확대된다는 취지에서 2019년 6월, '기업시민프렌즈'(기업시민활동에 함께 참여하는 친구 같은 거래기업)가 출범했다. 이를 통해 포스코와 비즈니스 파트너가 함께 환경개선, 안전강화활동을 추진하면서, 본업의 경쟁력을 강화하도록 돕는 것은 물론 취약계층 지원, 탄소중립, 문화공연 인프라 취약지역 공연 개최 등 다양한 사회공헌활동으로 사회 현안에 대한 관심을 환기하여 건강한 지역사회를 만드는 데 기여하고 있다. 포스코건설도 2020년 6월부터 '우수협력사와 함께하는 환경정화활동' 프로그램을 실시하고 있다.

실천사례

임직원이 직접 참여하는 혁신성장지원단

포스코가 운영 중인 '혁신성장지원단'은 임직원의 전문성과 경험을 바탕으로 중소기업이 당면한 문제를 개선하도록 돕는 재능기부^{ProBono} 활동이다. 기술, 안전, 환경, 에너지뿐만 아니라 재무, 인사, 공정거래, 법률, 정보보호 등 중소기업이 취약한 분야에 대해 사내 전문인력이 컨설팅을 제공하는 방식으로 진행된다. 공급사·협력사·고객사와의 접점부서가 아니더라도 임직원 누구나 동반성장 활동에 참여함으로써 임직원의 기업 시민 경영이념을 내재화하고 중소기업의 고충을 해소하는 일거양득 一擧兩得의 활동이라고 할 수 있다.

실천사례

중소기업 스마트화를 지원하는 포스코형 생산성 혁신사업

포스코는 중소기업의 스마트화를 지원하기 위해 '포스코형 생산성 혁신사업'도 진행하고 있다. 빅데이터, IoT, AI 등 4차 산업혁명의 신기술이 산업 전반으로 빠르게 확산하고 있지만, 중소기업들은 관련 인프라가 취약하여 그 기술을 활용하지 못하는 경우가 많다. 포스코는 컨설팅을 실시하고 QSSQuick Six Sigma 기법을 전수하며 스마트공장을 구축하도록 지원함으로써 중소기업의 생산성 혁신을 도모하고 있다.

이 사업은 거래기업뿐 아니라 거래관계가 없는 기업도 대상으로 삼아지원하고 있다. 지원 사례 중에는 포스코와 거래관계가 없었음에도 불구하고 포스코가 스마트공장 구축사업을 지원하여 기존에는 수작업으로 하던 공정관리를 표준화한 사례도 있고, QR코드를 활용하여 제품에 대한 기본 정보부터 작업지시 내용 확인, 작업공정 추적과 위치 파악이 가능하게 되어 작업의 정확성과 생산성을 대폭 개선한 사례도 있다.

이와 함께 포스코는 동반성장 노력이 공급망 전체에 확산될 수 있도록 촉진한다는 취지에서, 포스코 거래기업 중 2·3차 공급사와 동반성장을 적극적으로 실천하는 기업에게 거래 기회를 확대하는 정책을 시행하고 있다. 또 1·2차 공급사 사이에 대금결제가 지연되는 상황을 근절하고자 포스코가 2차 공급사에 직접 대금을 지불하는 '하도급 상생결제' 제도도 운영하고 있다. 이 제도는 포스코뿐 아니라 포스코케미칼, 포스코ICT 등 그룹사 전반으로 확대되고 있다.

이러한 성과를 인정받아 동반성장위원회가 발표하는 '2020 동반성장 지수' 평가에서 포스코는 최고 등급인 '최우수', 포스코건설, 포스코케미칼, 포스코ICT는 '우수' 등급을 획득하기도 했다. 이는 포스코그룹이 공정하고 투명한 거래문화 정착, 비즈니스 파트너와의 상생을 위한 혁신성장 지원, COVID-19 상황에서의 안전 확보 등 사회적 문제 해소를 위해 활동한 노력과 그 성과를 인정받은 결과이다.

동반성장 관점의 기업시민경영 실천 핵심 포인트

1. 비즈니스 파트너에 대한 시혜적 지원을 넘어 상호 경쟁력을 높이고 공생할 수 있도록 동반성장 활동을 진화시킨다.
2. 원가절감이나 생산성 향상 등 재무적 차원의 동반성장 활동뿐만 아니라 안전, 환경, 지역상생까지 활동 분야를 확대함으로써 함께 더 큰 가치를 추구한다.
3. 공급망에 속한 모든 기업들이 동반성장 활동의 주체로서 사회적 변화를 함께 이끌어 갈 수 있도록 견인하는 역할을 한다.

포스코ICT, 스마트팩토리 확산을 통한
적극적 기업시민 개념 실천

김용진

포스코는 기업시민 경영이념을 Business, Society, People 관점에서 구조화해 추진하고 있다. 이 세 영역은 얼핏 분리되어 있는 것처럼 보이기도 하지만, 이들을 통합된 형태로 실천해야 온전한 효과를 낼 수 있다. 예를 들어 풀고자 하는 사회문제가 무엇인지 정의하고 이를 해결하는 데 기업의 방식으로 기여하는 것이 Society with POSCO이고, 보다 구체적으로 어떻게 비즈니스로 연결하고 누구와 함께 실천해 나갈지를 고민하는 것이 Business with POSCO, People with POSCO이다.

B-S-P의 통합된 관점은 매튼과 크레인(Matten & Crane, 2005)이 제시한 적극적 기업시민 개념과도 상통한다. 이들은 기업의 영향력이 커

김용진

미국 뉴욕주립대에서 박사학위를 받았으며, 현재 서강대 경영학부 교수로 재직 중이다. 금융위원회 비상임위원, 2050탄소중립위원회 민간위원, 아시아중소기업학회 회장으로 활동하고 있으며, 혁신과 디지털트랜스포메이션이 전공이다. 주요 저서로는 《온디맨드 비즈니스 혁명》(2020), 《사람중심 기업가정신》(공저, 2018), 《서비소베이션》(2015) 등이 있다.

그림 2-9 — '적극적 기업시민'의 4가지 영역

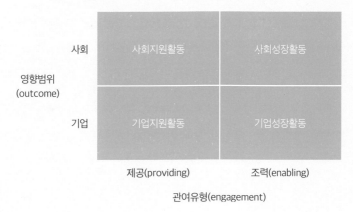

진 만큼 공공의 역할이 제한적인 영역에서 기업이 적극적 역할을 해줘야 한다며 이를 '적극적 기업시민' 개념으로 발전시켰다. 적극적 기업시민은 보유한 자원을 사회에 제공하는 역할과 사회발전을 도모하는 조력자로서의 역할로 세분화된다. 그리고 그 역할을 통해 영향을 미치는 범위를 기업과 사회로 나누어 보면 〈그림 2-9〉와 같다.

우선 사회영향 측면에서, 포스코ICT는 지역 이공계 학생들을 대상으로 스마트팩토리 실무 기술교육을 제공하고, 폴리텍 대학에 스마트팩토리 교육을 위한 Learning Factory 구축지원사업을 수행하고 있다. 지역 내 공업고등학교, 기능전문대, 공과대학 등 이공계 학생을 대상으로 스마트팩토리에 대한 실무 체험교육을 제공한다. 포스코ICT의 솔루션으로 스마트팩토리 교육을 받은 총 수혜자는 160여 명에 달한다. 이러한 교육지원 활동은 포스코ICT가 가진 자원과 역량을 활용해 사회발전을 도모하는 '사회지원활동'이라 할 수 있겠다.

다음으로 중소기업 및 그룹사들이 에너지 문제, 대기환경 문제에 대처하면서 제조 경쟁력도 향상할 수 있는 혁신활동들을 추진하고 있다. 이는 탄소배출 저감이라는 당면한 사회문제 해결에 기여함으로써 더 나은 세상을 지향하는 '사회성장활동'이라 볼 수 있다. 우선 1단계로 에너지절감을 원하는 고객사를 대상으로 포스코ICT의 솔루션에 대한 설명회를 개최했고, 고객사 현장조사를 통해 아이템을 확정하고 구체적인 솔루션을 제시하였다. 이 과정을 통해 2020년 10월까지 그룹사 2개 사, 중소·중견기업 3개 사를 대상으로 실제 에너지 절감 성과를 달성했으며, 향후 2023년까지 이를 45개 사로 확대 진행할 계획이다.

영향범위를 기업으로 좁히면, 중소기업의 제조 경쟁력 향상을 위한 스마트팩토리 지원사업이 가장 눈에 띈다. 이 사업이 철강산업 생태계 전체 구조변화로 확장되면 중소기업과 포스코ICT가 공유 경쟁력을 기반으로 새로운 사업기회를 모색하는 '기업성장활동'으로 연결된다. 가장 대표적인 사례로, 한 협력사는 포스코ICT의 적극 지원하에 포스코의 철강제품 출하 시 자동으로 라벨을 인식하여 물류관리의 정확성을 높이는 데 기여하는 솔루션을 개발하였다. 이를 통해 포스코는 제품물류의 정확성을 기할 수 있었으며, 협력사는 새로운 기술과 솔루션을 확보할 수 있었다. 포스코ICT는 협력사의 높아진 기술력을 토대로 양 사 간 동반참여 프로젝트를 통해 기술지원과 제품공급을 담당하는 등 새로운 비즈니스 기회 창출에도 성공하였다.

이렇듯 포스코ICT는 매튼과 크레인이 제시한 적극적 기업시민 관점에서 각 영역에 해당하는 활동들을 충실하게 수행하고 있음을 알 수 있다.

향후에는 적극적 기업시민 관점에서 '사회성장활동'을 중심으로 각 영역 활동들이 더욱 밀접하게 연계하여 성과의 선순환 사이클을 그려 나가는 것이 숙제가 될 것이다.

다만 그 과정에서 필연적으로 직면하게 될 가치-원가의 딜레마를 디지털 트랜스포메이션을 통해 효과적으로 극복하는 방법에 대해서 참여기업들과 함께 고민해야 할 것이다. 이를 통해 기존의 원가구조 한계를 극복하고 고도의 사회성장활동으로 생태계 혁신과 사회발전을 이끌며 새로운 기업으로 도약해 나가는 것이 적극적 기업시민으로서 포스코ICT의 미래 모습이 되어야 하기 때문이다.

포스코의 동반성장,
중소기업의 무형자산과 소프트파워 창출에 기여

신호창

국가의 힘을 하드파워(경제력, 국방력)와 소프트파워(신뢰, 매력)로 분류한다면, 기업의 힘은 재산, 공장규모, 기술수준 등의 하드파워와 신뢰와 매력 등의 소프트파워로 나눌 수 있다. 이제는 하드파워로 기업을 평가하는 시대는 가고 소프트파워로 평가하는 시대가 왔다. 소프트파워가 무형자산인 것이다.

1990년대 이래 S&P 500대 기업 자산평가에서 무형자산이 유형자산보다 더 큰 비중을 차지하게 되었다. 전문가들은 무형자산을 통해 지속가능한 경영이 가능하다고 말한다. 무형자산은 비전이나 전략, 경영, 구성원, 명성, 브랜드, 관계, ESG 성과 등의 비재무적 요소들이 결합되어

신호창

미국 오하이오대에서 박사학위를 받았으며, 현재 서강대 지식융합미디어학부 교수로 재직 중이다. 한국홍보학회 회장과 국제커뮤니케이션학회 PR분과장을 역임하였으며, 이 분야 발전에 기여한 공로로 2005년 홍조근정훈장을 수훈하였다. 주요 저서로는 《전략적 커뮤니케이션》(2015), 《사내 커뮤니케이션》(2013), 《정책PR》(공저, 2011) 등이 있다.

형성된다. 이는 기업의 친환경적 행동, CSR 활동, 좋은 일터 만들기 등으로 나타나는데, 결국 이를 통해 조직의 성과가 향상되고 이해관계자 관계가 강화되어 기업의 소프트파워가 되는 것이다.

포스코의 동반성장 프로그램은 협력사의 소프트파워를 강화하는 효과가 있다. 동반성장 프로그램을 통해 회사에 대한 충성심과 일에 대한 보람이 커지고 새로운 것에 대한 도전정신이 높아지는 것이다. 동반성장 프로그램에 참여한 협력사들은 '포스코 동반성장 프로그램은 회사의 외형적(재무적)인 지속가능성을 가져올 뿐 아니라 내면적 지속가능성에도 기여했다'고 평가한다. 동반성장 프로그램을 통해 협력사 직원들이 느끼는 회사의 기업문화, 회사에 대한 신뢰감 등 무형자산을 제대로 갖출 수 있도록 지원했다는 뜻이다.

특히 동반성장 프로그램에 참여한 협력사 직원들은 '직원 열의'가 높은 것으로 조사되었다. 직원 열의는 회사에 대해 애착과 자부심을 지니며 나와 조직을 동일시하는 '정서적 열의', 조직의 업무 또는 문제상황에 대해 스스로 책임과 노력을 다하는 '자주적 열의', 조직 내 다양한 변화가 있을 때 새로운 정책을 긍정적으로 바라보는 '변화 참여 열의'를 말한다.

아울러 '기업시민 의식'도 높게 나타나는데, 이는 '기업 간 협력관계에서 발생한 긍정적 인식으로 타 기업과 공유하는 문화를 긍정적으로 받아들이고 사회문제 해결에도 책임감을 갖게 된 태도'를 말한다. 대기업과 중소기업의 문화가 융합convergence되어 좋은 조직문화로 진화하고 이는 다시 생태계의 지속가능성을 높이는 방향으로 이어짐을 알 수 있다.

① E-catalog를 통한 개방형 소싱으로 신규 공급사 진입문턱 낮추기 및 공평한 거래 기회 부여

② 대·중소기업 간 '제값 제때 주기' 모범사례 정립 및 확산

③ '성과공유제 활성화' 및 안전·환경 개선과제 확대로 사회적 이슈 해결 개여

④ 포스코 고유의 제조혁신기법인 QSS와 스마트공장을 연계한 '포스코형 생산성 혁신' 지원 확대

⑤ 부서별 역량을 활용하고 포스코 직원이 직접 참여하여, 중소기업에 기술·노하우를 전수하는 '혁신성장지원단'

⑥ '기업시민 잡 매칭'으로 지역사회 일자리 문제 해결 지원

⑦ 공급사, 협력사가 포항·광양 지역사회 공헌 및 안전·환경 개선활동을 하는 '기업시민프렌즈'

어느 중소기업 사장은 포스코 동반성장 프로그램에 대한 인터뷰에서 "포스코형 생산성 혁신 지원으로 회사의 생산 프로세스를 혁신했음은 물론, 업무체계가 자리 잡으면서 이직률도 30% 가량 낮아졌다"고 말한 바 있다. 이는 동반성장 프로그램이 기술개발이나 환경개선, 매출증대와 같은 유형자산에 기여하기도 하지만, 협력사 직원들의 인식이나 조직문화, 일하는 방식 등과 같은 무형자산에도 크게 기여함을 단적으로 보여준다.

기업시민이 추구하는 공생가치를 위해서는 포스코의 동반성장 프로그

램과 같이 협력사와 포스코가 함께 성장할 수 있는 프로그램이 필수적이다. 특히 무형자산이 축적될 때 기업의 소프트파워가 커지고 지속가능한 회사로 커나갈 수 있다. 더 나아가 우수한 젊은이들이 중소기업을 신뢰하고 매력적으로 받아들이도록 하여 국내 취업문제를 해결하고 안정적인 사회 만들기에도 기여할 수 있기를 바란다.

PART 3

사회적 임팩트 창출

Social Impact

송호근

전상인

배 영

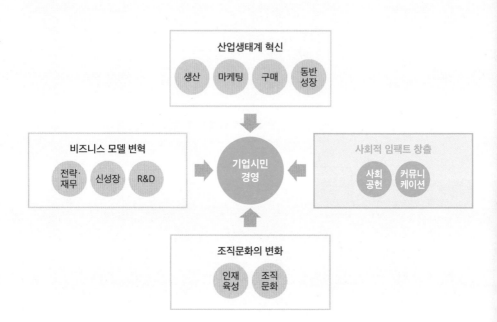

송호근

기업시민의 핵심 가치는 다양한 이해관계자로 이루어진 사회에서 기업이 이해관계자와 공존, 상생을 추구하는 데 있다. 이러한 비전은 기업과 이해관계자가 기업시민의 가치를 충분히 공유하여 자발적으로 상호 소통하고 협력해야 성취될 수 있다. 그러한 노력 가운데 하나가 바로 사회공헌활동이다.

　기업시민 관점의 사회공헌활동은 사회적 임팩트 창출에 초점을 둔다. 기업의 비즈니스 전략과 연계하여 사회문제 해결방안을 탐색하고 실천하는 것이다. 또 사회공헌활동에 참여하는 회사 구성원들은 조직 차원에서 이루어지는 기부와 봉사활동 등의 프로그램에 수동적으로 참여하는 데 그치지 않고, 기업시민에 대한 이해와 공감, 시민성에 기반하여 자발적인 의지에 따라 참여해야 한다. 그래야 구성원들이 진정성을 가지고 기업시민을 지속적으로 실천할 수 있고

송호근

미국 하버드대에서 박사학위를 받았으며, 현재 한림대 석좌교수로 재직 중이다. 서울대 석좌교수, 포스텍 석좌교수, 미국 스탠퍼드대 후버연구소 방문교수, 미국 샌디에이고대 '국제관계 및 태평양지역연구대학원' 초빙교수를 지냈으며, 〈중앙일보〉 칼럼니스트로 활동하였다. 주요 저서로는 《국민의 탄생》(2020), 《혁신의 용광로》(2018), 《가 보지 않은 길》(2017), 《그들은 소리내 울지 않는다》(2013) 등이 있다.

지역사회나 전체 사회와의 연계도 능동적으로 이루어질 수 있다.

동시대를 함께 살아간다는 동반의식, 그리고 사회적 쟁점과 문제해결에 머리를 맞대고 미래세대를 위한 사회적 신뢰 창출에 기여한다는 열정이 요청되는 것이다. 공감과 열정은 사회적 임팩트를 분출하는 에너지다.

진정성이 담긴 소통은 이해관계자들이 기업시민에 대해 공감하고 열정을 가지도록 하는 가장 확실한 길이다. 현대사회는 가치관의 분화와 충돌이 일상적으로 발생하기 때문에 소통이 매우 어렵다. 더욱이 고객, 구성원, 주주 등 모든 이해관계자와의 열린 커뮤니케이션이 그리 쉬운 일은 아니다. 기업시민 관점의 콘텐츠를 적극 발굴하고 이해관계자 특성에 맞는 쌍방향 채널을 신중하게 설계해야 공감의 폭이 넓어진다. 기업시민경영을 제대로 실행하기 위해서는 기업 내부적으로도 불통의 장벽을 없애고 긴밀한 친화성을 갖추어야 한다. 그래야만 경제적 가치와 사회적 가치의 선순환 메커니즘을 만들어 낼 수 있다.

공감과 열정은 기업 내부의 단절적 요소를 용해하는 데에도 작용하며, 기업과 사회의 유연한 접속을 원활하게 해주는 촉매이기도 하다. 즉, 기업 내외부의 친밀한 소통 네트워크를 구축하는 것이야말로 사회적 임팩트 창출의 요건이라고 할 수 있다.

사회공동체 일원으로서
사회공헌 실천문화를 조성하라

사회가 발전하면서 구성원들 사이에 다양한 이해관계가 복잡하게 얽힌 사회 이슈가 급증하고 있다. 이 중에는 정부의 역할만으로는 해결이 어려운 사회문제들이 많다. 그렇다 보니 우수한 자원과 역량을 보유한 기업이 더 많은 역할을 담당해야 한다는 기대가 커지고 있다. 여기에는 기업시민으로서의 사회적 책임을 중시하는 사회 분위기도 크게 작용한다.

글로벌시장을 선도하는 유수의 기업들은 이러한 사회적 니즈에 발맞춰 사회문제 해결에 적극 참여하고 사회의 변화를 이끌어 나감으로써 보다 나은 세상과 인류의 지속 번영을 이루고자 노력한다.

기업의 사회공헌활동은 기업시민 관점에서 비즈니스와 연계하여 자원과 역량을 투입해야 사회문제를 해결하는 데 도움이 된다. 이를 전략적 사회공헌이라 한다. 전략적 사회공헌의 효과를 높이기 위해서는 사회공헌사업의 발굴 및 기획, 실행, 평가 등 전반적인 업무 프로세스가 변화해야 한다.

먼저, 이해관계자와 소통하면서 사회적 이슈를 발굴하고, 회사의 축적된 역량과 업의 전문성을 활용하여 사회적 이슈 해결에 기여할 수 있는 솔루션을 제시해야 한다. 그 다음에는 기업시민 관점에서 사회적 솔루션의 실행 성과를 객관적으로 평가하고, 그중 성과가 뛰어난 솔루션은 브랜드화하여 확장성을 키워 나가야 한다. 동시에 모든 임직원은 글로벌 모범시민으로서 배려와 공존을 능동적으로 실천하고, 사회공헌 부서는 임직원들이 쉽게 참여할 수 있도록 편리한 플랫폼을 구축하여 운영해야 한다.

이처럼 사회공헌 업무 프로세스의 변화를 추진하고 모든 임직원이 적극적으로 참여하여 배려와 공존의 문화를 조성하는 것이 기업시민경영을 추구하는 사회공헌활동의 기본적 방향이라 할 수 있다.

사회공헌 부서에서 기업시민경영을 적용할 때 고려할 영역을 정리하면 다음과 같다.

1) 이해관계자와 소통하여 사회적 이슈 발굴, 파트너십 통해 사회적 솔루션 제시
2) 기업시민 관점에서 사회적 솔루션의 실행성과를 객관적으로 평가하고 브랜드화
3) 모든 임직원이 공헌활동에 쉽게 참여하고 활동할 수 있는 플랫폼 구축

1) 이해관계자와 소통하여 사회적 이슈 발굴, 파트너십 통해 사회적 솔루션 제시

최근 COVID-19 사태를 통해 경험하였듯이 우리는 세계가 하나의 사회로 연결된 시대를 살고 있다. 국제사회는 일찍부터 지구촌의 모든 나라가 공통적으로 직면한 사회적 문제의 원활한 해결을 위해 UN의 지속가능발전목표SDGs: Sustainable Development Goals를 채택하고, 기업이 혁신과 창의력을 발휘하여 주도적 역할을 수행할 것을 요청하고 있다.

기업은 이러한 시대적 요구에 선도적으로 대응하고 기업시민으로서 바람직한 역할과 책임을 이행하기 위해 최선의 노력을 다하고 있다. 각 회사가 보유한 저마다의 핵심역량과 자원, 기술 등을 활용하여 사회문제 해결을 위한 아이디어를 제시하고, 나아가 회사와 이해관계자가 서로 윈-윈하는 공생가치를 창출하기 위해 다양한 시도와 노력들을 다하고 있다.

이러한 노력이 효과를 발휘하여 통합적 공생가치를 창출할 수 있게 하려면 사회공헌사업을 기획하는 단계에서부터 다양한 분야의 이해관계자들과 소통하여 핵심적인 문제를 발굴해야 한다. 또한 관련 분야 전문가들과의 파트너십을 바탕으로 창의적 솔루션을 마련해야 한다.

솔루션의 실행력을 높이기 위해서는 지역사회와 시민단체NGO, 타 기업들까지 포함하도록 사회적 연대를 확장하여 서로 상생·협력하면서 기업시민으로 하나가 될 수 있도록 주도적인 역할을 할 필요가 있다. 그리고 공론화를 통해 사회적 관심을 이끌어내고 지역사회와의 소통 및 협력을 강화하면서, 사안에 따라서는 정부 정책으로도 연결될 수 있게 해야 한다. 그래야 사회적 임팩트를 발휘하면서 공유가치를 창출할 수 있는 사회공헌사업을 펼칠 수 있다.

이러한 흐름이 원활하게 이어지려면 가장 먼저, 구성원들이 글로벌 모범시민으로서의 마인드를 갖추어야 한다. 그리고 이를 기반으로, 회사가 축적한 역량과 업의 전문성을 활용할 수 있는 사업을 기획하고 실행하여 사회문제 해결에 기여할 수 있도록 끊임없이 노력해야 한다.

실천사례

포스코, 저출산 해법을 위한 기업 차원의 롤모델 제시

여성 한 명이 평생 낳을 것으로 예상하는 평균 자녀 수를 합계출산율이라 한다. 2020년 기준 우리나라의 합계출산율은 0.84로 역대 최저 수준이다. OECD 회원국 중에서도 최하위를 기록했다. 앞으로도 합계출산율은 더 떨어질 것으로 전망되어 우리나라의 저출산 문제는 심각한 상황에 직면해 있다. 지나친 인구감소로 인해 머지않아 우리나라는 가장 큰 국가적 위기를 맞게 될 것이라는 암울한 전망이 나올 정도이다.

정부는 인구감소 문제를 해결하기 위해 지난 10년간 153조 원에 이르는 예산을 투입했다. 그런데도 뚜렷한 성과를 거두지 못해 정부만 아니라 시민사회단체와 학계 등 각계각층에서 해결책 마련에 고심하고 있다.

2020 저출산 심포지엄 행사 참석자들

포스코와 함께 성장해 온 포항시와 광양시도 인구감소 문제에서 자유롭지 못한 실정이다. 이에 포스코는 저출산고령사회위원회, 한국인구학회, 한국교원대 등 민·관·학 전문가들과 네트워크를 구성하고, 사회문제 해결을 위한 노력의 일환으로 '자녀를 낳고 키우기 좋은 회사', '젊은이들이 찾아오는 도시' 그리고 '저출산이 극복된 사회'를 지향하며 기업차원의 롤모델을 제시하고자 노력하고 있다.

이 밖에도 포스코는 각 분야 전문가가 참여하는 '2020 저출산 심포지엄'을 개최하는가 하면, 미래세대인 청소년들에게 인구문제의 심각성을 교육하는 교보재를 개발하여 제공하는 노력도 병행하고 있다.

자립준비 청년의 건강한 자립을 지원하는 '두드림' 사업

아동보호시설에서 생활하는 청소년들은 만 18세가 되면 자립을 준비해야 하는 연령이 되기 때문에 시설에서 퇴소해야 한다. 이때가 해당 청소년들에게는 여러모로 가장 힘든 시기이다.

포스코1%나눔재단은 아직 어린 나이에 아동보호시설을 떠나 외로운 홀로서기를 해야 하는 자립준비 청년들의 건강한 자립과 앞으로의 진로 선택을 지원하기 위해 '두드림Do Dream' 사업을 펼치고 있다. 2018년에 시작된 이 사업은 미래세대의 자립을 지원하는 대표적인 사업으로, 자립준비 청년들이 안정적으로 사회에 진출할 수 있도록 '취·창업 역량 향상 프로그램'과 '자립지원금 지원' 등의 프로그램으로 나뉘어 진행된다.

'두드림' 사업 지원을 받는 참가생들

진로설계 및 취·창업 역량 향상을 위한 프로그램은 전문가의 1 대 1 진로 컨설팅과 강의, 참가자들이 주도하는 창업 프로젝트, 네트워크 형성을 위한 다양한 소모임 활동 등으로 구성되어 있다. 또 홀로서기 초기에 생활의 어려움을 겪지 않도록 금전적으로 지원하는 자립지원금 금액을 지속적으로 상향조정했다. 의료보험도 추가 지원하는 등 생활비에서부터 취업성공수당까지 풀 패키지로 지원 범위를 확대하여 실질적인 도움이 되도록 했다. 2020년 두드림 사업을 통해 취업에 성공한 한 청년은 "취업준비에 필요한 공부와 생계를 병행하는 것이 막막했는데, 포스코1%나눔재단의 '두드림' 사업 덕분에 원하던 의류 MD의 꿈을 이루게 되었다"고 소감을 밝히기도 했다.

2021년부터는 포스코1%나눔재단과 전문영역을 가진 각 그룹사가 함께 참여하여, 두드림 사업의 참여 범위를 확대했다.

실천사례

사회문제 해결을 위해 힘을 모은 '좋은 친구'

포스코의 그룹사인 엔투비는 일반자재, 원부자재 및 공사설비 등에 대한 구매·공급 전문회사이다.

'좋은 친구' 프로그램은 엔투비가 신규 거래 고객사와의 구매대행 서비스에서 발생하는 수익금 일부를 재원으로 고객사와 공동으로 탄소저감, 지역사회 환경개선 등 ESG 활동을 추진하는 연대와 협력의 새로운 사회문제 해결 롤모델이다.

엔투비는 ESG 측면의 사회문제 해결에 대한 고객사와의 공감대를 형성하여 세아제강, SIMPAC, KG동부제철 등과 좋은 친구 MOU를 체결하여 함께 다양한 활동을 추진하고 있다.

실천사례

환호공원 '지역 명소화' 지원 통한 지역사회와의 상생 협력

포스코는 지역사회 발전을 위한 지원사업의 일환으로, 2021년 11월 포항시에 지역 명소가 될 국내 최초이자 최대 규모의 체험형 조형물을 기부하여 지역사회의 공공문화예술 및 관광산업 진흥에 기여했다.

이 조형물은 독일의 세계적인 부부 예술가인 하이케 무터Heike Mutter와 울리히 겐츠Ulrich Genth가 디자인한 '스페이스 워크Space Walk'라는 작품으로, 포스코가 생산하는 철강재로 제작하여 포항시 환호공원에 설치했으며, 포항을 넘어 대한민국의 랜드마크로 만들어 가는 데 킬러 콘텐츠로서의 역할을 하고 있다.

마치 롤러코스터처럼 생긴 이 작품은 트랙 길이가 무려 333미터에 이르고 계단 수는 717개, 무게는 317톤에 달한다. 지상 25미터 높이에 설치돼 있는 데다 조형물 트랙의 선이 유려한 곡선으로 상상 속의 풍경을 만들어 내어 이용자들은 하늘 한복판에 떠서 구름 위를 산책하는 듯한 기분을 체험할 수 있다. 조형물에 있는 트랙은 걸어갈 수 있는 구간과 걸어갈 수 없는 전통적 개념의 루프 형태 구조로 구성되어 있는데, 방문객들은 트랙을 따라 걸으면서 사계절 내내 포항의 풍광과 일출 또는 일몰의 아름다움도 즐길 수 있다.

'스페이스 워크'는 추상적이며 기하학적인 도형이 유기적으로 흐르듯

포항 환호공원 내 국내 최초 체험형 랜드마크 조형물 '스페이스 워크'

서로 교차되며 자유롭게 펼쳐진 형상을 띠고 있어 예술적 가치도 높다.

이 사례는 기업이 자치단체와 협업하여 공공예술사업을 한 단계 업그레

이드한 모범사례로 평가받고 있다.

2) 기업시민 관점에서 사회적 솔루션의 실행성과를
   객관적으로 평가하고 브랜드화

기업의 사회적 책임을 다룬 국제표준 ISO26000 집행위원장인 마틴 노이라이터Martin Neureiter 오스트리아 빈Wien대학 교수는 "한국 기업들이 사회공헌을 자선사업이나 돈을 기부해야 하는 것으로 잘못 이해하고 있는 것 같다"고 지적하며, 전 세계적으로 글로벌 기업의 사회공헌은 선의를 기반으로 한 '단편적인 착한 행동'에서 '의미 있고 지속가능한 행동'으로 이미 변화했음을 강조한 바 있다.

기업시민 관점에서 보자면, 사회공헌사업의 방향은 결과적으로 좋은 일, 착한 일이면 된다는 'something good'의 수준을 뛰어넘어서 의미 있는 변화, 즉 'something impactful'한 결과를 창출할 수 있는 방향으로 바뀌어야 한다.

예를 들어, 갈 곳 없는 노숙자들을 위해 무료급식을 제공하는 활동은 좋은 취지에도 불구하고 이들의 자립 의지를 저하시켜, 의미 있는 변화를 이끌어내기에는 한계가 있을 수 있다. 무료급식 제공은 노숙자들이 처한 당장의 배고픔을 달래 줄 수는 있지만, 노숙자들의 사회복귀라는 근원적인 솔루션이 되기에는 부족하다는 것이다. 노숙자의 실질적인 삶을 변화시킬 수 있는 임팩트를 창출하기 위해서는 무료급식을 매개로 사회복귀를 위한 교육이니 컨설팅을 제공하는 방식으로 사업 내용을 보완해야 한다. 그리고 이에 대한 성과 측정, 평가, 사업 조정 등 지속적인 후속조치가 수반되어야 한다.

다시 말해서, 첫째, 사회공헌사업의 기획 단계에서부터 달성하고자 하는 변화 목표를 명확히 설정해야 하고, 둘째, 각각의 단위 사업이 마무리될 때마다 목표 수준의 달성 여부를 측정하고 평가해야 하며, 셋째, 평가를 통해 개선 포인트를 발굴하고 이에 따라 실질적인 개선활동이 뒤따라야 한다는 것이다. 사회적 솔루션을 제공하고 또 지속적으로 업그레이드하는 노력을 끊임없이 계속한다면 분명한 임팩트를 만들어 낼 수 있다.

실천사례
'2050 탄소중립' 실천에 앞장서는 사회공헌활동

최근 국제사회는 각 나라에게 해양쓰레기 문제 해결을 위해 국가 차원에서 대응할 것을 촉구하고 있다. 2017년 G20정상회의와 2018년 동아시아정상회의에서는 해양 플라스틱 쓰레기 저감을 위한 성명서가 채택되기도 했다. 우리나라 정부도 2019년에 관련 종합대책을 발표하는 등 관심이 높아지고 있다.

포스코는 일찍부터 해양쓰레기의 심각성에 대해 깊은 관심을 가져 왔다. 직원들도 2009년 11월에 스킨스쿠버 자격증을 보유한 사내 동호회 회원들을 중심으로 해양정화 전문 봉사단인 '클린오션봉사단'을 발족하여 12년째 봉사활동을 해왔다. 2020년까지 포항과 광양 등지에서 실시한 수중정화 봉사활동은 673회에 달한다. 총 2만여 명에 가까운 봉사자가 참여했고, 건져 올린 해양쓰레기의 양은 무려 2,028톤에 이른다. 이와 함께 해양생태계를 교란시키는 불가사리, 성게와 같은 해적생물 퇴치

포스코 클린오션봉사단의 울릉도 · 독도 해양정화활동

에도 앞장서 지역 어민들의 소득증대에도 많은 도움을 주고 있다.

포스코 클린오션봉사단의 활동은 언론으로부터 많은 관심과 조명을 받으면서 이제는 포스코를 대표하는 사회공헌 브랜드 가운데 하나가 되었다. 클린오션봉사단은 여기에 만족하지 않고 최근에는 인천, 강릉, 울릉도, 독도 등으로 활동범위를 확대하고 있다. 이러한 활약을 높이 평가받아 클린오션봉사단은 2021년 3월 행정안전부가 선정한 '국민추천포상'에서 대통령 표창을 수상하는 영예를 안았다.

한편, 포스코는 인공어초 트리톤Triton을 울릉도 남부 앞바다 수중에 설치해 0.4헥타르 규모의 바다숲을 조성했다. 철강 공정에서 발생하는 부산물인 슬래그로 인공어초를 만들고, 이를 활용하여 갯녹음 피해가 심

그림 3-1 — 포스코 트리톤 바다숲 조성 과정

| 인공어초 트리톤
해조류 이식 | 인공어초 트리톤
설치 | 트리톤
수중 안착 | 해조류 생장 및
어장 형성 |

그림 3-2 — 주요 트리톤 바다숲 조성지

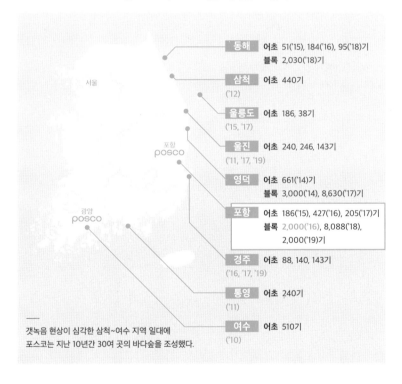

서울

포항
posco

광양
posco

동해 어초 51('15), 184('16), 95('18)기
블록 2,030('18)기

삼척 어초 440기
('12)

울릉도 어초 186, 38기
('15, '17)

울진 어초 240, 246, 143기
('11, '17, '19)

영덕 어초 661('14)기
블록 3,000('14), 8,630('17)기

포항 어초 186('15), 427('16), 205('17)기
블록 2,000('16), 8,088('18),
2,000('19)기

경주 어초 88, 140, 143기
('16, '17, '19)

통영 어초 240기
('11)

여수 어초 510기
('10)

갯녹음 현상이 심각한 삼척~여수 지역 일대에
포스코는 지난 10년간 30여 곳의 바다숲을 조성했다.

그림 3-3 — 대기 중 이산화탄소를 해조류에 저장하는 블루카본

블루카본은 연안에서 서식하는 식물과 퇴적물을 통해 해양 생태계가 저장하는 탄소이다. 2009년 UNEP(유엔환경계획)에서 발간한 〈Blue Carbon: The Role of Healthy Oceans in Binding Carbon〉에서 처음으로 언급되었으며, 산림 등 육상생태계에 의해 흡수되는 탄소를 '그린카본'이라고 부르는 것과 대비된다. 해조류로 조성된 바다숲은 1헥타르당 연간 약 3~16톤의 이산화탄소를 고정시키는 효과가 있는 것으로 알려져 있다.

각한 바다 속에 해조류 숲을 조성하는 사업이다. 트리톤은 포스코의 철강슬래그로 만든 인공어초 브랜드로, 그리스 신화에 나오는 바다의 신 이름에서 따왔다.

철분과 칼슘이 풍부한 인공어초는 재료의 환경안정성 평가와 해양생물 식품안전성 평가에서도 안정성이 검증되어 국가 일반어초로 지정되어 사용되고 있다. 따라서 인공어초를 활용하면 해조류의 성장과 생물종의 다양화, 그리고 점차 피폐해져 가는 해양생태계 개선에 큰 도움이 될 것으로 기대된다.

해양생태계 복원 및 블루카본 고정에 기여하는 바다숲 조성사업의 성과를 인정받아 포스코는 2020년 10월 세계철강협회가 주관하는 제11회

'스틸리 어워드Steelie Awards'에서 지속가능경영Sustainability 부문 최우수기업으로 선정되기도 했다.

클린오션봉사단과 바다숲 조성사업은 포스코가 위치한 지리적 특성, 업業의 강점을 활용하여 사회적 임팩트를 창출한 대표적인 사업으로 높은 평가를 받고 있다.

3) 모든 임직원이 공헌활동에 쉽게 참여하고 활동할 수 있는 플랫폼 구축

나무는 한 그루만 있을 때는 그저 한 그루의 나무에 불과해 특별한 변화를 만들어 내지 못한다. 하지만 그 수가 늘어나면 덩달아 잔디와 풀이 자라나고 동물들이 찾아오기 시작해 점차 숲으로서 모습을 갖추게 된다. 그리고 그 숲은 새로운 생태계를 만들고, 그 안에서 모든 생명체들이 자생적 선순환을 하게 만들어 주는 환경이 된다.

기업의 사회공헌활동도 마찬가지이다. 직원 한 사람의 활동은 미약할 수 있으나 많은 직원들이 함께하면 커다란 변화를 이끌어 낼 수 있다. 그러므로 사회공헌 전담부서는 더 많은 임직원이 보다 쉽고 편리하게 공헌활동에 참여할 수 있도록 필요한 시스템과 프로그램, 제도 등 관련 플랫폼을 구축하고 효율적으로 운영해야 한다. 임직원이 원할 때는 언제든지 봉사와 나눔에 참여하고 스스로 실적도 관리할 수 있도록 사회공헌활동을 위한 지원체계를 갖춰야 한다. 그래야 언제 어디서든 임직원들이 자발적으로 사회공헌활동을 펼칠 수 있다.

　회사는 지역사회와 함께 성장하는 것을 기업의 사회적 책임으로 생각하고 지역사회가 직면한 문제를 보다 체계적이고 전략적으로 해결해야 한다. 이를 위해서는 임직원이 기업시민의 구성원으로서 지역사회의 문제 해결에 직접 참여하고 다양한 봉사를 하도록 회사가 지원하고 권장해야 한다.

　이처럼 임직원의 니즈에 부합하는 참여자 맞춤형 플랫폼을 구축하고 지속적으로 진화 발전시켜 임직원이 업무와 일상에서 배려와 공존을 실천할 수 있도록 환경을 조성해 주는 노력이 무엇보다 중요하고 필요하다. 그리고 한 걸음 더 나아가 봉사와 나눔을 매개로 자연스럽게 조직 내 세대 간의 정서적 소통과 교감이 이루어질 수 있도록 분위기를 조성해야 한다.

실천사례

임직원이 주체가 된 1% 나눔

임직원이 자신의 급여에서 1%를 기부하고 회사가 매칭그랜트 방식으로 같은 금액을 출연해 운영되는 '포스코1%나눔재단'은 2013년 11월에 출범했다. 재단은 '더 나은 세상을 향한 1%의 나눔'이라는 비전 아래, 미래세대, 다문화가정, 장애인 등 소외계층을 대상으로 사회복지, 문화예술 등의 분야에서 다양한 사회공헌활동을 전개하고 있다. 지원대상과 방법은 기부자인 임직원을 대상으로 설문조사를 실시하여 그 결과에 따른다. 2020년 기준으로 임직원 참여율은 98% 이상이며, 재단 설립 이후 수혜

그림 3-4 ─ 1%마리채 온라인 기부 프로그램

를 받은 인원은 12만여 명에 달한다.

포스코1%나눔재단 홈페이지도 전면 개편하여 재단의 각종 활동을 알기 쉽게 전달하고, 회사 임직원 누구나 자신이 낸 기부금이 언제 어디에 어떻게 쓰이는지를 확인할 수 있도록 투명하게 공개하고 있다.

또한 기부자가 직접 사업을 제안하고 실행까지 하는 기부자 주도형 프로그램도 기획 운영한다. 1%나눔재단과 함께하는 'Change My Town' 프로그램이 대표적인 예이다. 이 프로그램은 지역사회의 어려움을 해소하는 데 도움이 되는 봉사활동을 임직원이 직접 기획하고, 이를 1%나눔 재단에 신청하면 재단에서 봉사활동에 필요한 지원금을 후원하는 방식으로 운영된다. 2021년에는 총 49건의 프로젝트를 진행했다.

연말이 되면 포스코 임직원들은 작지만 큰 나눔일 수 있는 '1%의 나의 조그만 자선My Little Charity'(약칭 '마리채')이라는 이벤트 프로그램을 실시한다. 임직원이 직접 기부처를 추천하거나 선택해 온라인 기부방식으로 후원하는 프로그램이다. 마리채는 COVID-19로 인한 비대면 상황에 맞춰 온라인 기부를 실천하기 위해 구축한 시스템으로, 기부자인 임직원과 후원 대상을 연결하는 플랫폼 역할을 한다. 2020년 12월까지 선정된 기부처는 총 150곳이며, 참여한 임직원 수는 총 2만 6천여 명이다. 이를 통해 모금된 8억 4천만 원의 기부금은 임직원이 직접 지정한 기부처를 통해 도움이 필요한 이웃에게 따뜻한 마음과 함께 전달되었다.

실천사례

임직원 참여 플랫폼 '재능봉사단'을 통한 지역사회공헌

포스코는 지역사회와 함께 성장한 기업이다. 이에 포스코는 기업의 사회적 책임을 이행하는 노력의 일환으로 지역사회의 지속가능한 발전을 추구하고 있다.

먼저, 광양제철소 조업 초기인 1988년 광양 하광마을(지금의 광영동)과의 자매결연을 시작으로 현재 208개 마을(포항 127개, 광양 81개)과 결연을 맺고 부서별로 꾸준한 봉사활동을 이어 왔다. 임직원들은 자매마을을 대상으로 환경정화, 농번기 일손 돕기, 지역농가 특산품 구매, 마을 시설물 보수 등의 다양한 지원활동을 펼치고 있다.

최근에는 지역사회에 실질적인 도움을 주기 위해 임직원 개인의 업무 특성과 특기를 활용하는 '재능봉사단'을 활발하게 운영하고 있다. 2018년 기업시민 경영이념을 선포하기 이전만 해도 24개에 머물러 있던 재능봉사단의 수는 2021년 10월 말 현재 100개로 늘어났고, 재능봉사에 참여한 인원수도 1만 9,200여 명에 달한다. 이들의 활동시간은 7만 9천 시간을 넘어섰다. 과거 평범한 노력봉사 위주로 이루어지던 봉사활동이 재능봉사 중심으로 변화하면서 봉사활동의 실효성도 높아지고 봉사자의 역량도 대폭 개선되고 있다.

주요 재능봉사단으로는 포항지역에 있는 45개 지역아동센터에 맞춤형 가구를 제작, 설치해 주는 '포항 목공예봉사단', 다문화가정을 대상으로 합동결혼식을 진행하거나 다문화가정에 멘토링을 제공하여 한국사회 적응을 도와주는 '광양 다문화 프렌즈봉사단', 다문화가정, 장애인가정, 저소득 맞벌이가정 등 보살핌이 필요한 가정 아동들을 대상으로 임직원의 목소리로 녹음한 동화책 등의 오디오북을 지원하는 '서울 목소리봉사단', 그리고 포항과 광양, 서울 지역 내 복지시설을 찾아가 정원을 조성하여 취약계층의 심리적 안정을 도모하거나 지역주민들이 즐겨 찾는 공원과 가로수 등을 정비해 주는 '조경봉사단' 등이 있다.

포스코는 재능봉사단의 활동을 체계적으로 지원하기 위해 '나눔활동 통합지원시스템'에 재능봉사단 전용 메뉴를 개설하여 봉사활동 계획 공지, 봉사자 모집, 활동실적 등록 등의 관리를 쉽고 편리하게 할 수 있도록 했다. 이와 함께 물리적 공간을 갖춘 'With POSCO 나눔스쿨'을 오픈

농기계수리 전문봉사단 (위)
굿보이스 목소리봉사단 (아래)

3천 시간 이상 우수봉사자 인증패 수여

하여 재능봉사에 필요한 장비를 보관하거나 실습공간으로 활용할 수 있게 하고, 지역 내 소외계층의 경제적 자립을 돕는 재능교육도 실시할 수 있도록 필요한 인프라를 지원하고 있다.

재능봉사활동은 봉사활동 전과 후가 확연하게 달라진 것을 체감할 수 있어, 참여자 모두의 만족도가 매우 높은 것으로 나타났다. 뿐만 아니라 다음번에 더 의미 있는 봉사활동을 해야겠다는 반응이 있을 정도로 봉사자들이 행복과 보람을 느끼고 더 큰 의욕을 갖게 되는 효과도 나타나고 있어 앞으로 더 큰 성과가 기대된다.

한편, 3천 시간 이상 봉사활동에 참여한 임직원에게는 자긍심을 높일 수 있도록 CEO가 직접 상징적인 기념품을 수여하는 '우수 봉사자 마일리지 인증제도'도 운영한다. 또한 한 해 동안 적립한 봉사활동 시간 중 일정 부분을 다음 해에 봉사휴가로 사용할 수 있도록 '봉사시간 저축제도'도 도입했다. 임직원이 참여하는 봉사활동을 확산하고자 다양한 시도와 노력을 하는 것이다. 2020년 말 기준으로 포스코 임직원의 1인당 평균 봉사시간은 17.9시간이며, 총봉사시간은 32만 시간에 이른다.

실천사례

포스코그룹 임직원의 특별 봉사주간 '글로벌 모범시민 위크'

포스코그룹은 '글로벌 모범시민 위크'를 운영하고 있다. 국내·외 포스코그룹 전 임직원이 전 세계 사업장에서 지역사회를 위해 다양한 나눔활동을 펼치는 특별 봉사주간이다. 글로벌 사회가 직면한 문제 해결에 자발적으로 동참하자는 취지에서, 2010년부터 매년 실시해 온 '글로벌 볼런티어 위크'가 2020년부터는 기업시민 경영이념과 연계한 '글로벌 모범시민 위크'로 새롭게 출발한 것이다.

2021년 글로벌 모범시민 위크에는 '희망의 온도는 높이고! 지구의 온도는 낮추고!'라는 테마로 COVID-19로 도움이 필요한 이웃에게 희망을 전하고, ESG 경영 차원에서 탄소중립 실천을 위한 친환경 활동을 집중적으로 전개했다.

포항, 광양 등 각 지역 임직원들은 COVID-19로 힘든 시간을 겪는 이웃을 돕기 위해 푸드 키트 제작 및 도시락 배달 봉사활동, 방역 및 주거환경 개선활동, 사업장 인근에 위치한 노후 공원의 환경정화, 시설정비 등을 추진하며 친환경 활동을 진행했다.

한편 중국, 인도네시아, 베트남, 멕시코 등 포스코그룹이 진출해 있

2021 글로벌 모범시민 위크, 포항 형산강 정화를 위한 EM 흙공 투하 및 환경정화 활동

는 세계 각국에서도 현지의 안전·방역 수칙에 맞추어 COVID-19 구호 물품 제작, 환경정화, 마을 놀이터 보수 등 지역사회에 필요한 봉사활동을 활발히 전개했다.

사회공헌 관점의 기업시민경영 실천 핵심 포인트

1. 배려와 공존을 지속적으로 실천할 수 있는 문화를 조성하고, 의미 있는 사회변화를 이끌어내어 더 나은 세상을 만드는 데 앞장선다.
2. 다양한 이해관계자와 소통하고 협력하면서 핵심적인 사회문제를 발굴하고, 임직원과 함께 공생가치를 제고할 수 있는 창의적인 솔루션을 모색하고 실행한다.
3. 기업시민 관점에서 사회적 솔루션이 지향하는 목표와 실행성과를 객관적으로 평가하여 사회적 솔루션의 방안을 모색하고 더 큰 사회적 임팩트를 창출한다.
4. 모든 임직원이 기업시민 구성원으로서 사회공헌활동에 자발적으로 참여하고 실천할 수 있도록 제도적 지원과 인프라를 제공한다.

포스코에너지,
본업과 연계한 사회공헌사업 추진

전상인

포스코는 기업시민을 경영이념으로 내걸고 기업의 사회적 책임을 실천해 왔으며, 계열사인 포스코에너지는 이를 에너지 분야에 특화시켜 에너지 드림Energy Dream이라는 사회공헌사업을 추진했다. 이 사업은 지역사회와 미래세대에게 꿈과 희망을 전달하여 세상을 변화시킨다는 취지로 2012년부터 에너지 빈곤층에게 에너지를 제공하고 있다. '에너지'는 일상생활에 꼭 필요한 요소이자 삶의 활력과 희망을 의미하며, '드림'은 꿈Dream과 드리다Give라는 중의적인 뜻을 내포하고 있다.

에너지 빈곤층은 가계소득의 약 10% 이상을 전기료, 연료, 난방비 등의 에너지 구입비용으로 지출하는 가구를 말한다. 포스코에너지는 매년 사업장이 있는 인천, 포항, 광양 지역의 에너지 빈곤층이 밝고 따뜻하고

전상인

미국 브라운대에서 박사학위를 받았으며, 현재 서울대 환경대학원 교수로 재직 중이다. 한국미래학회 회장을 역임하였고, 계획이론과 도시사회론이 전공이다. 주요 저서로는 《아파트에 미치다》(2011), 《편의점사회학》(2015), 《공간디자이너 박정희》(2019) 등이 있다.

포스코에너지의 에너지드림 사업

안전한 공간에서 생활하도록 돕고자 에너지효율 개선, 전기점검 재능봉
사, 태양광 발전설비 지원, 벽화 그리기 등 다양한 사업을 전개한다.

에너지드림 사업은 크게 4가지 방향으로 체계적으로 이루어진다. 4대
추진방향은 ① 강원도 삼척 산불 피해지역 숲 조성, 지역사회 미세먼지
방지용 방풍림 식재 등과 같은 에코드림ECO Dream, ② 에너지효율 개선
지원, 태양광 설비 지원 등의 사업을 통해 이산화탄소를 저감하는 데코
드림Decrease Energy CO₂, ③ 지역아동센터를 대상으로 대학생 멘토링이나
진로체험활동 기회를 제공하여 미래세대의 꿈을 지원하는 업어드림Up a
Dream, 그리고 ④ 벽화 그리기 등 임직원이 직접 참여하여 지역사회에 희
망을 전하는 위드드림With Dream 등이다.

에너지드림 사업은 포스코에너지가 기업시민으로서 역점을 두고 추진
하여 사회적 가치를 창출하는 대표적인 사회공헌활동 브랜드로서, 크게
세 가지 특징을 보여 준다.

그림 3-5 — UN사무국 홈페이지에 소개된 에너지드림 사업

첫째, 기업의 본업과 연계된 기업시민활동이라는 점에서, 에너지드림은 에너지 연관 분야에서의 사회공헌 내지 공익봉사 분야의 기업시민활동 유형 중 '가치창출형'에 가까운 전략적 자산이다.

둘째, 에너지드림은 지역사회에 뿌리를 내린 기업시민활동으로서 기업의 사회공헌 활동이 지역사회와 만나는 접점이며, 지역주민들의 '생태시민성ecological citizenship'을 향상시키는 데 기여한다.

셋째, 에너지드림 사업은 준비성, 전문성, 조직적 체계성을 갖추고 있고, 형식적이 아닌 실질적인 사회공헌을 위한 원동력으로 작용하여, 저소득층, 독거가정, 미래세대, 다문화가정 등이 지역공동체의 진정한 일원으로 거듭나는 데 기여한다.

에너지드림 사업은 2019년 UN으로부터 우수 사회공헌 모델로 선정돼

세계적으로 알려지기기도 했다. 이 사업은 2015년 UN이 제정한 17개 지속가능발전목표SDGs 가운데 '적정하면서 지속가능한 에너지 공급', '안전하고 지속가능한 지역공동체 구축' 등의 항목에 부합하는 우수 모델로 평가받았다.

이해관계자 모두가 공감하도록
커뮤니케이션하라

기업 경영활동에서 성공을 위한 중요한 요소 중 하나로 커뮤니케이션이 강조되고 있다. 저명한 미래학자 존 나이스비트John Naisbitt는 미래기업 경쟁력의 핵심은 조직구성원과 외부조직 간의 효율적인 소통에 있다고 했다. 마이크로소프트 사의 전 회장인 빌 게이츠Bill Gates도 앞으로 기업은 커뮤니케이션 갈등을 얼마나 줄이느냐에 그 성패가 달려있다며 커뮤니케이션의 중요성을 강조했다.

고객과의 소통은 소비자의 니즈를 이해하고 고객이 원하는 제품과 서비스를 제공할 수 있게 하는 출발점이다. 또 조직 내 커뮤니케이션은 구성원들이 회사의 비전과 목표에 맞춰 한 방향으로 결집하게 하여 사업의 성공 가능성을 높이고 지속가능한 기업으로 성장하도록 하는 중요한 토대로 작용한다. 주주, 협력사, 사회 등 이해관계자와의 소통 역시 기업 이미지 제고와 기업 생존을 위한 전략적 경영의 필수요소로 인식되고 있다.

기업시민의 궁극적인 지향점은 경제적 가치와 사회적 가치가 선순환virtuous circle을 이루면서 기업가치를 높이고 지속성장을 달성하는 것이다. 이 선순환 과정은 고객에게 최고의 제품과 서비스를 제공하고, 사회적 문제 해결에 선도적으로 대응하는 것에서부터 시작한다. 이러한 활동이 회사의 브랜드 가치 제고로 연결되고, 브랜드 가치 상승은 다시 제품 판매 확대와 우수한 자원·인력 유입으로 이어지면서 경제적 가치 상승을 가져오는 것이다.

그런데 이러한 선순환 효과는 저절로 얻어지지 않는다. 고객, 구성원, 주주 등 모든 이해관계자와 소통하고 공감해야만 가능하다. 커뮤니케이션의 역할이 바로 여기에 있다. 커뮤니케이션은 단순히 뉴스를 전달하는 것이 아니라 이해관계자와 지속적으로 소통하면서 진정성을 갖고 진심 어린 공감을 이끌어 내는 활동이다. 이러한 활동이 이루어져야 존경받는 기업으로서의 이미지를 확보하고 브랜드 가치를 쌓아 갈 수 있다. 나아가 경제적 가치와 사회적 가치의 선순환 메커니즘이 작동하면서 기업의 경쟁력이 커지고 가시적 성과로 이어진다.

소통과 공감을 위한 커뮤니케이션은 3C, 즉 콘텐츠Contents, 채널 Channel, 컨슈머Consumer 측면에서 살펴볼 수 있다. 먼저, 경영성과를 기반으로 한 콘텐츠의 지속적 발굴과 메시지의 일관성이 필요하다. 그리고 이해관계자의 특성을 고려한 다양한 채널을 활용해 소통해야 한다. 또 일방향 전달이 아닌 쌍방향 소통으로 지지와 공감을 확보해야 한다.

커뮤니케이션 부서에서 기업시민경영을 적용할 때 고려할 영역을 정리하면 다음과 같다.

1) 경영성과 기반 콘텐츠 지속 발굴과 일관된 메시지 전달로 기업 시민 브랜드 제고

2) 다양한 채널 활용을 통한 이해관계자 특성에 맞는 맞춤형 홍보

3) 진정성 있는 쌍방향 소통으로 이해관계자의 지지와 공감 확보

1) 경영성과 기반 콘텐츠 지속 발굴과
일관된 메시지 전달로 기업시민 브랜드 제고

기업시민 관점에서 커뮤니케이션은 과거와 같은 이벤트 홍보나 이슈 대응 수준을 넘어서야 한다. 기업 커뮤니케이션의 기본은 회사의 모든 경영활동을 내·외부 이해관계자에게 정확하게 알려서 회사에 대한 믿음을 굳건히 하는 데 있기 때문이다. 사실과 다른 악의적인 뉴스가 발생하더라도 이에 대한 대응은 회사에 대한 신뢰를 통해 자정(自淨)될 수 있는 분위기를 만드는 것에서부터 출발해야 한다.

커뮤니케이션 과정에서는 회사 고유의 기업시민 브랜드를 구축하고 일관되게 홍보해 나가야 한다. 이때 기존의 회사 브랜드와 기업시민 브랜드가 자연스럽게 연결되도록 하는 것이 중요하다. 본래의 홍보 기능을 제대로 수행하면서 회사가 추구하는 기업시민 철학을 바탕으로 커뮤니케이션 전략을 수립하고 회사 브랜드를 강화해 나가야 한다는 것이다.

이를 위해서는 회사의 경영활동 성과와 사회공헌활동 사례, 미담 등을 커뮤니케이션할 때 단순히 팩트(fact)만을 소개하거나 회사의 입

장만 전달하는 방식으로는 부족하다. 회사의 성과를 외부와 커뮤니케이션할 때는 구체적인 사실관계와 함께, 사전에 회사의 경영이념과 목적이 어떻게 연계되어 있는지를 고민하고 기획하여 쉽게 이해할 수 있는 방식으로 알려 나가야 한다.

실천사례

기업시민 5대 브랜드로 이해관계자와 소통

기업시민을 경영이념으로 선포한 이후 포스코는 더 나은 사회를 만들기 위한 사회공동체의 일원으로서 사회문제 해결에 동참하고 기업 차원의 역할을 모색하는 다양한 사업을 확대해 왔다. 2019년에는 이러한 활동을 더 많은 사람들이 이해하고 공감할 수 있도록 '6대 대표사업'을 선정해 기업시민의 의미를 전파했다.

그러나 최근 들어서는 기업의 기후변화 대응 노력과 환경·안전 분야에서의 커뮤니케이션이 중요해지고, 각 그룹사별로 특성에 맞는 대표사업을 선정하여 추진하는 등 기업시민 경영이념의 추진영역이 한층 넓어지면서 대표사업 재편이 필요해졌다. 이에 따라 2021년 3월, 기존의 6대 대표사업과 각 그룹사가 추진하는 다양한 사업을 포함하는 '기업시민 5대 브랜드'가 탄생하게 되었다.

기업시민 5대 브랜드는 수소산업을 선도하고 2020년 12월 선언한 '2050 탄소중립' 실천에 앞장서는 시그니처 브랜드 'Green With POSCO', 공급사·고객사와 동반성장하는 'Together With POSCO', 벤처생태계를 활성화하고 신성장산업을 육성하는 'Challenge With POSCO', 저출

그림 3-6 — 포스코 기업시민 5대 브랜드

산·취업 등 사회문제 해결에 앞장서며 직원들의 안전하고 행복한 삶을 위해 노력하는 'Life With POSCO', 그리고 지역사회와 상생·공존하기 위해 기업과 사회가 함께 발전하는 모델을 제시하는 'Community With POSCO'로 구성되어 있다.

기업시민 5대 브랜드는 우리 사회가 당면한 사회경제적 이슈와 문제해결을 위해 사회공동체의 구성원인 포스코가 기업시민으로서 사회적 책임을 다하며 실천하기 위한 솔루션을 가시적으로 보여 준 것이라고 볼 수 있다.

실천사례
그룹 임직원을 위한 양방향 소통채널, 〈포스코투데이〉

포스코는 '기업시민 포스코'를 브랜드화하기 위해 회사의 성과를 일회성 메시지로 전달하는 데 그치지 않고 전후관계를 알기 쉽게 정리하여 한목소리one voice로 전달하고자 지속적으로 노력하고 있다. 특히 포스코가 모범적으로 실천하는 친환경이나 동반성장과 같은 긍정적 콘텐츠를 선제적으로 발굴하여 적극적으로 알리고 있다.

그림 3-7 — 포스코 인트라넷 화면 내 〈포스코투데이〉

포스코에는 그룹 임직원 모두가 언제 어디서나 공감하고 공유하며 또한 참여할 수 있는 사내 뉴스 미디어 〈포스코투데이〉가 있다. 〈포스코투데이〉에는 "사실은 이렇습니다"란 코너가 있는데, 포스코의 경영활동을 구체적인 사실관계를 기반으로 임직원에게 제대로 전달하는 코너라는 점에서 커뮤니케이션 본연의 역할에 충실한 채널로 평가받는다. 이 코너에는 2016년 12월부터 2021년 10월 현재까지 40여 건의 글이 게재되었다. 직원들이 궁금해 하는 회사 현안이나 잘못된 언론보도에 대해 투명하고 정확하게 사실관계를 밝혀 임직원의 궁금증을 해소하고 있다.

예를 들면, 2019년 3월 8일 게재된 "제철소 미세먼지 부두에 대한 사실관계를 설명드립니다" 칼럼에서는 제철소 고로에서 유독가스 및 분진을 무단 배출하고 있다는 모 방송사의 뉴스보도(3. 7. 방송분)에 대해 사실관계를 명확히 밝혔다. 또 같은 해 5월 28일 칼럼에서는 포항제철소에서 배출된 미세먼지가 전국 발생량의 13%에 달한다는 모 방송사의 잘못된 보도에 대해 방송통신심의위원회가 〈방송심의에 관한 규정〉 제14조 '객관성' 위반 소지가 있다고 판단하여 법정제재인 '주의' 결정을 내렸음을 알렸다.

이처럼 "사실은 이렇습니다" 코너는 일부 언론 및 지역사회단체의 사실왜곡과 편향된 주장을 투명하게 바로잡고 관련 사실을 명확하게 밝힘으로써 혹시 모를 오해와 우려를 해소하고 포스코 임직원들의 자부심을 지켜 내고 있다.

실천사례

기업시민 실천활동에 대한 따뜻한 감동 스토리

2020년 5월 〈포스코투데이〉 "동행" 코너에는 "안녕하세요. 포항에서 부모님과 농사를 짓는 청년 ○○○입니다"로 시작하는 편지 한 통이 소개되었다. COVID-19로 인해 개학이 늦어지자 생산량의 90%를 차지하던 학교 납품용 농산물이 판로를 찾지 못해 폐기 처분될 위기에 놓였는데, 포스코의 농산물 꾸러미 구매 캠페인으로 위기를 극복했다는 사연이었다. 포스코 직원들의 자발적인 농산물 구매와 따뜻한 격려 덕분에 급한 인건비와 운영비를 충당할 수 있었다고 말한 ○○○ 씨는 "이후 농산물 일부를 노인복지관에 기부했고, 앞으로 저도 어려운 시기에 소중한 이웃을 도우며 살겠다"는 다짐으로 편지를 마무리했다.

이러한 사례에서 보듯이, "동행"은 포스코의 기업시민활동이 실제로

그림 3-8 — 〈포스코투데이〉 "동행" 코너에 소개된 사연

사회를 어떻게 아름답고 건강하게 바꿀 수 있는지를 소개함으로써 기업 시민 실천의 성과를 눈으로 확인할 수 있게 해주고, 홍보효과를 배가시 키며, 나아가 직원들의 기업시민 실천 참여에 대한 동기를 부여하는 좋 은 커뮤니케이션의 사례라고 할 수 있다.

2) 다양한 채널 활용을 통한 이해관계자 특성에 맞는 맞춤형 홍보

현대사회의 특징 중 하나는 기업을 둘러싼 이해관계자의 범위와 영 향력이 과거와 비교할 수 없을 정도로 크게 확대되었다는 점이다. 따라서 효과적인 커뮤니케이션을 수행하기 위해서는 전통적인 형태

의 콘텐츠나 채널에 얽매이지 말아야 한다. 이해관계자가 다양하고 영향력이 커진 만큼 이해관계자 그룹의 니즈에 부합할 수 있도록 멀티채널multi-channel 전략을 펼치면서 각각의 이해관계자 그룹에 맞는 맞춤형 홍보를 강화할 필요가 있다는 것이다.

기업시민경영 관점에서 커뮤니케이션은 이해관계자의 특성을 고려하고 그들의 니즈에 맞게 상황에 따라 다양한 커뮤니케이션 채널을 입체적으로 활용해야 한다.

구체적으로, 커뮤니케이션을 위한 4대 주요 채널은 다음과 같다.

첫 번째 채널은 사내 매체이다. 사내 소식지와 사내 방송 등 회사 내 소통채널을 통해 기업시민의 실행주체인 임직원을 대상으로 회사와 관련한 생생한 뉴스를 현장 중심으로 전달하고, 다양한 캠페인과 기획연재를 지속적으로 이어 나가야 한다. 이를 통해 임직원의 자부심을 고취시키고 기업시민 경영이념의 내재화뿐만 아니라 기업시민 문화화에 기여해야 한다.

두 번째는 회사 홈페이지, SNS채널 등 대외 매체이다. 이러한 채널들을 활용하여 회사와 관련된 주요 이슈를 선제적으로 점검하고 소통논리를 개발해야 한다. 대외 매체를 활용할 때는 외부적으로는 기업시민과 관련된 스토리를 확산하고 내부적으로는 긍정적인 기업문화를 만들고 강화해 나가는 것이 중요하다. 특히 뉴미디어가 밀레니얼 · Z세대 등 이른바 MZ세대들의 주요 소통채널로 부상하고 있으므로 뉴미디어의 활용도를 높이면서 뉴미디어 특성에 적합한 콘텐츠 개발에도 힘써야 한다.

세 번째는 신문, 방송, 온라인, 주·월간지, 외신 등의 언론 매체이다. 이들 매체를 통해서는 회사의 주요 경영활동과 그 성과는 물론 기업시민경영을 실천하기 위한 노력을 널리 알리는 것이 중요하다. 이를 통해 회사가 사회공동체의 일원으로서 경제적 이윤 창출을 넘어 사회문제 해결에 동참하고 더 나은 세상을 만드는 데 기여하고 있음을 강조해야 한다.

마지막으로 인적 채널이다. 기업시민이 바라보는 대상은 회사를 둘러싼 여러 이해관계자들이다. 따라서 이들 이해관계자들과 진정성 있는 신뢰관계를 형성하는 것이야말로 매우 효과적인 커뮤니케이션의 토대가 된다. 주주, 투자자, 정부, 지역사회 구성원 등 다양한 형태의 인적 채널을 통해 정확한 정보와 회사의 의견 등을 알릴 수 있도록 소통하는 노력이 중요하다.

실천사례

다양한 사내외 소식을 담은 SNS로 소통 강화

2020년 6월, 유튜브YouTube 기반 채널인 〈포스코TV〉는 COVID-19 사태로 인한 '사회적 거리두기' 상황과 철강 부산물을 활용한 '바다숲 조성사업'을 접목시킨 광고캠페인을 선보였다. 시원한 바다 풍경을 배경으로 다소 엉뚱하고 코믹하게 진행되는 이야기를 통해 사회적 거리두기로 지친 일상에 잔잔한 위안과 청량감을 주는 동시에, 포스코가 철강슬래그를 활용해 10여 년간 추진해 온 바다숲 조성사업을 자연스럽게 알리고 있다. 고비용 TV광고가 아닌 저비용 소셜미디어를 선택하여 브랜드의 권

서울식물원 프레임 시스템에 적용된 이노빌트

위를 과감하게 내려놓고 사회적, 환경적 역할을 다하는 포스코의 모습을 젊은 세대와 친화력 있게 소통한 사례라고 할 수 있다.

포스코의 대표 미디어 채널인 〈포스코뉴스룸〉도 강건재용 제품을 전략사업화하기 위해 론칭한 건설자재 브랜드 '이노빌트INNOVILT' 관련 콘텐츠를 기획 연재하여 좋은 평가를 받았다. 〈포스코뉴스룸〉은 포스코 제품의 우수성에 대한 일방적인 웅변이 아니라 이노빌트 브랜드 제품이 활용된 유명 건축물과 이에 적용된 이노빌트 솔루션을 사진, 영상, 그래픽 등을 통해 입체적으로 소개하였다. 동시에 이노빌트 소재를 활용하는 파트너사인 이노빌트 얼라이언스INNOVILT Alliance와의 구체적인 상생 이야기를 콘텐츠화했다.

　이렇게 만들어진 콘텐츠는 회사가 운영하는 유튜브, 인스타그램, 페이스북 등의 소셜미디어와 이노빌트 전용 사이트를 통해 널리 확산되어 본래의 마케팅 목표를 달성하는 것은 물론, 강건재산업 생태계를 활성화하는 데 기여하고 있다.

3) 진정성 있는 쌍방향 소통으로 이해관계자의 지지와 공감 확보

진정한 소통은 듣는 이, 즉 소통의 상대방이 누구인지 파악하고 그의 니즈에 부합하는 내용과 접근방식을 활용해야 유효하다. 방대한 양의 정보와 수많은 커뮤니케이션 수단에도 불구하고 소통 부재로 인한 갈등은 늘 발생하기 때문이다. 불특정 다수를 향한 일방적인 one-way 소통이 아닌, 상대의 니즈에 맞는 맞춤형 쌍방향two-way 소통을 통해 공감대를 확대해 나가는 것이 필요하다.

　특히 이해관계자들과 커뮤니케이션할 때는 상대를 배려하고 존중하는 마음가짐이 무엇보다 중요하다. 그리고 다양한 이해관계자들이 필요로 하는 회사의 경영활동 성과와 관련 콘텐츠를 한발 앞서 알려 주는 신속함도 필요하다. 상대의 고민을 경청해 주고 그들의 니즈를 세심하게 배려하는 커뮤니케이션은 자연스러운 공감과 상호 신뢰의 밑거름이 되기 때문이다. 그렇게 해야 진정성 있는 소통이 이루어질 수 있다.

　회사의 비전과 경영이념을 전달하고 공감대를 넓히기 위한 커뮤니케이션의 대상은 크게 임직원, 대외 이해관계자, 일반 대중으로 구분할 수 있다.

우선 임직원에게는 쌍방향 소통을 통해 기업시민경영에 대한 회사의 의지와 이에 담긴 철학을 이해시키고, 자발적인 실천으로 이어질 수 있도록 알기 쉬운 내용으로 자연스럽게 알려야 한다. 커뮤니케이션 효과를 점검해서 전달이 부족했거나 오해의 소지가 있는 부분은 거듭해서 설명하고, 회사 정책에 대해 동의나 공감이 필요한 부분은 지속적으로 설득해 나가야 한다. 이러한 설명·설득의 과정에서 커뮤니케이션 담당자가 미처 예상하지 못한 부분, 혹은 제도적인 보완이 필요한 부분이 발견된다면 사안별로 전담부서에 안내하여 제도를 보완하고 개선할 수 있도록 해야 한다.

다음으로 이해관계자에게 회사의 정책방향과 경영이념을 알릴 때에도 정부, 지역사회, 주주 등 주요 이해관계자의 니즈에 부합하고 공감을 얻을 수 있게 커뮤니케이션해야 한다. 예를 들어, 구체적인 사실관계를 바탕으로 공정·신뢰의 네트워크 기반 위에서 회사가 속한 산업 전체의 경쟁력 향상은 물론 국가 산업의 발전에 기여하고 있음을 지속적으로 알리려고 노력하는 것이 필요하다.

특히 주주와 소통할 때에는 경제적 가치와 사회적 가치가 선순환함으로써 궁극적으로는 기업가치 제고에 도움이 된다는 점을 인식시켜야 한다. 또 지역사회에는 사회공헌활동, 지역경제 활성화, 환경문제 해결 등 지역사회와 더불어 발전하기 위해 끊임없이 노력하는 회사의 참모습과 진정성을 지속적으로 알리는 노력이 필요하다.

마지막으로 일반대중을 대상으로 하는 커뮤니케이션에서는 일부 언론이나 입소문을 통해 가짜뉴스, 왜곡된 정보가 제기되는 경우 신속하게 사실관계를 설명하고, 회사의 진정한 노력과 진의를 일관되게 알려야 한다. 이와 함께 기업시민경영을 실천하여 성과가 창출된 사례나 미담 등을 지속적으로 발굴하고 이를 이해관계자에게 알려서 기업시민 브랜드 강화로 연결될 수 있도록 해야 한다.

실천사례

지역사회와의 열린 소통공간으로 자리 잡은 'Park1538'

2021년 4월 고품격 복합문화공간 'Park1538'이 포항의 새로운 명소로 탄생했다. 포항제철소가 내려다보이는 포스코 본사 옆 언덕에 위치한 Park1538은 열린 공간 'Park'와 철의 녹는점(용융점)을 의미하는 '1,538℃'의 합성어로, 포스코의 과거와 현재, 그리고 미래 비전을 시민들과 함께 나누기 위해 포스코가 조성한 문화공간이다.

'철과 자연이 어우러진 친환경 힐링 공간'이라 할 수 있는 Park1538은 햇빛과 바람과 물이 담긴 수변공원, 포스코의 지난 역사를 엿볼 수 있는 역사박물관, 철 이야기와 포스코의 비전을 펼쳐 놓은 홍보관, 포스코를 빛낸 철강인을 기억하는 명예의 전당 등의 공간을 테마파크 형태로 조성하여 스토리가 있는 볼거리가 풍부하다. 특히 인간의 무한한 창의성과 철의 무한한 재활용성을 의미하는 무한루프 콘셉트로 설계되어 있는 홍보관은 미디어 기술로 들려주는 포스코의 이야기와 동시대 최고 예술가들의 작품도 한꺼번에 볼 수 있는 곳이어서 Park1538에서 가장 기억나는

CP on Ariel. All rights reserved.

고품격 복합문화공간 'Park1538' 전경

공간이 되기에 충분하다.

　Park1538은 2021년 10월 세계철강협회가 주관하는 '스틸리 어워드'에서 창의적이고 혁신적인 문화공간으로 인정받아 '우수 커뮤니케이션 프로그램Excellence in Communications Programs' 부문을 수상했다. Park1538을 중심으로 온·오프라인을 연계한 커뮤니케이션 프로그램을 운영하여 철의 심미성과 미래 기술력을 창의적이고 혁신적으로 담아 낸 성과를 인정받은 것이다.

　Park1538은 건축물에 포스맥, 포스아트 등 포스코의 우수한 철강재를 적용하여 철의 아름다움을 표현했다는 평가와 더불어, 철의 지속가능성을 상징하는 '무한 루프' 콘셉트의 건축 디자인은 철의 무한한 미래·가능성을 효과적으로 담았다는 평가도 받았다. 창의적인 디자인과 시민들을 위한 공간 개방성 등에서도 그 우수성을 인정받아 '2021 굿디자인 어워드'에서 우수상을, 제 11회 대한민국 조경대상에서 국토부장관상을 수상하기도 했다.

Park1538은 개관 6개월 만에 누적 관람객 1만 5천 명을 돌파하는 등 포항시민들의 특별한 일상을 담는 새로운 지역명소로 자리 잡았다. 또 포스코가 지역사회와 소통하는 열린 공간으로도 큰 인기를 모으고 있다.

실천사례

쌍방향 소통 강화 및 사회적 이슈 해결 아이디어 적극 수렴

포스코의 '기업시민 러브레터'는 기업시민에 대한 대내외 아이디어를 이해관계자로부터 접수하는 창구이다. 2018년 7월 첫 선을 보인 이후 접수된 아이디어가 5천여 건에 달할 만큼 큰 관심을 받고 있다.

'기업시민 러브레터'에는 포스코그룹과 관련된 의견뿐 아니라 지역경제 활성화, 청년실업, 저출산 등 사회적 이슈 해결에 필요한 톡톡 튀는 아이디어들이 다수 접수되었다. 제안된 의견 중 일부는 주관부서의 검토

그림 3-9 – '기업시민 러브레터' 홈페이지

를 거쳐 제도 개선으로도 이어졌다. 포스코그룹이 보유한 휴양시설의 협력사 공동 사용, 협력사 직원들의 편의 제고를 위한 제철소 차량 출입방법 및 근무환경 개선, 실행 중시 기업문화 확립을 위한 보고문화 개선, 직급 레벨 표기방식 개선 등이 이미 실천되었다.

'기업시민 러브레터'는 포스코가 사회공동체를 위해 가치를 창출하는 기업시민으로서 그 책임과 역할을 다하고 있음을 알리는 매우 효과적인 소통 사례가 되었다. 포스코는 앞으로도 기업시민경영의 실천 방안을 모색하는 쌍방향 소통 창구로 지속적으로 발전시켜 나갈 계획이다.

커뮤니케이션 관점의 기업시민경영 실천 핵심 포인트

1. 경영활동과 성과를 바탕으로 콘텐츠를 지속 발굴하고, 일관된 메시지를 전달하여 기업시민경영 브랜드 제고에 기여한다.
2. 콘텐츠의 속성 및 이해관계자 특성을 고려한 다양한 채널을 운영하며 맞춤형 홍보를 강화하여 커뮤니케이션 효과를 높인다.
3. 뉴스와 정보의 일방향적 전달 방식에서 벗어나 이해관계자들이 필요로 하는 유익한 정보를 기반으로 진정성 있는 쌍방향 소통을 통해 지지와 공감을 확보한다.

포스코엠텍, 지역사회와의 동행과 소통을 통한
자원 선순환체계 구축

배 영

포항에 본사를 둔 포스코엠텍은 철강 포장 및 소재 전문기업으로서 철강 제품 포장, 포장설비 엔지니어링, 철강부원료 생산 분야에서 높은 경쟁력을 발휘하는 포스코 그룹사이다. 포스코엠텍은 기업시민 경영이념을 효과적으로 실천하기 위해 업※과 관련된 활동뿐 아니라 지역공동체 구성원으로서 다양한 이해관계자들과 '동행'을 추구하고 있다.

먼저 본업 기반의 새로운 공생가치 창출을 통해 이해관계자와 동행한다는 취지에서 지역 내 Al Scrap(알루미늄 스크랩)을 활발하게 재활용할 수 있는 자원 선순환체계를 구축했다. 포스코엠텍은 주요 사업으로 '제강용 알루미늄탈산제 생산' 비즈니스를 수행한다. 이 과정에서 UBC(폐알루미늄캔) 재활용 활성화의 중요성과 지역 내 환경문제의 심각성을 인

배 영

연세대에서 박사학위를 받았으며, 현재 포스텍 인문사회학부 교수로 재직 중이다. 한국정보사회학회 회장을 맡고 있으며, 정보사회학과 소셜 데이터 분석이 전공이다. 주요 저서로는 《포스트코로나 시대, 데이터로 읽는 대한민국》(2021), 《지능정보사회의 이해》(2021), 《지금, 한국을 읽다》(2018) 등이 있다.

식하게 되었고, 이를 해결하기 위해 지역 소상공인과의 협업을 통한 Al Scrap 수거 네트워크를 구축해 제반 활동을 진행한다.

지역 소상공인과의 협업을 통한 Al Scrap 재활용 사업은 알루미늄탈산제 생산공장의 원가절감에 기여하는 것은 물론, 지역사회가 동참하는 자원 재활용체계 구축과 지역 내 안정적 원료수급이라는 효과도 가져왔다. 또 수거를 위해 장애인을 고용하고 재활용사업에 참여하는 소상공인들의 시민의식을 고취했으며, 환경을 보호하는 회사로서 이미지를 높이는 긍정적 영향을 미쳤다. 특히 포스코엠텍은 재활용을 위한 Al Scrap 수거 과정에서 기존의 생태계를 침해하지 않고 그동안 제대로 수거되지 않던 폐차장, 섀시업체 등 틈새영역에서 물량을 확보함으로써 새로운 가치를 창출하고 있다.

동시에 지역 내 알루미늄 재활용 활성화를 위해 외부의 다양한 이해관계자들과 협업활동을 추진했다. 대표적인 사례가 2020년 9월 삼성디지털프라자 포항본점과 함께 진행한 '헌 프라이팬 교체 이벤트'이다. 가정에서 사용 중인 낡은 프라이팬을 삼성디지털프라자 포항본점에 가져오면 신제품으로 교환해 주고 낡은 프라이팬을 수거해 오는 행사를 진행했다.

이 캠페인을 통해 삼성디지털프라자는 브랜드를 홍보하고 신규고객을 유치하며 폐기물 처리비용을 절감할 수 있었고, 포스코엠텍은 수거된 프라이팬을 알루미늄 탈산제 원료로 활용할 수 있었다. 또 시민들은 자원재활용에 대해 한 번 더 생각하게 되고 지역사회 환경개선 실천에 직접 참여하고 기여한다는 인식을 가지게 되었다.

포스코엠텍의 Al Scrap 재활용 활성화를 통한 자원 선순환체계 구축

삼성디지털프라자 포항본점과 함께한 헌 프라이팬 교체 이벤트

사례는 포스코 기업시민 5대 브랜드 중 2050 탄소중립을 목표로 하는
'Green With POSCO' 브랜드와 이해관계자들과의 상생과 동반성장을
목표로 하는 'Together With POSCO' 브랜드에 부합하는 기업시민 실천
활동으로 볼 수 있다. 특히 지속가능한 사회 구현을 위해 지역사회의 다
양한 문제를 지역주민들과 협업하고 소통하면서 해결하는 'Community
With POSCO' 브랜드의 지향점과 가치를 잘 보여 주는 매우 우수한 사례
로 평가할 수 있다.

PART 4

조직문화의 변화

Culture Change

문형구

은기수

구자숙

전재욱

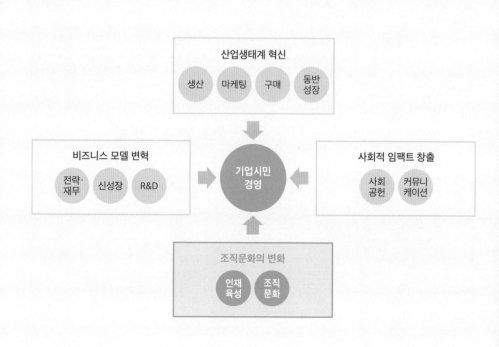

문형구

요즈음 대부분의 기업은 멋있는 내용으로 가득 찬 윤리헌장(최근에
는 ESG 경영이념)을 대내외적으로 표명하고 있다. 유사한 내용의 화
려한 구호를 천명하고 있음에도 불구하고 윤리적 기업과 비윤리적
기업은 존재한다. 차이는 어디로부터 오는 걸까? 바로 조직 구성원
에 달려 있다.

　기업의 사회적 책임에 관한 저명한 학자인 도나 우드Donna Wood 교
수가 공유한 사례를 들어 보자. 우드 교수가 경영자 교육에 참여한
임원들에게 회사의 Credo가 주는 의미에 관하여 물어보았다고 한
다. 윤리적 기업으로 널리 알려진 한 기업의 임원은 기업의 Credo
가 적힌 소책자를 바로 꺼내더니 자신의 모든 의사결정의 토대가 바
로 여기에 다 있다고Credo means everything 자랑스럽게 이야기하였다.
반면에 평범한 기업(이 기업은 나중에 파산하여 다른 기업에 인수되었

문형구
미국 미네소타대에서 박사학위를 받았으며, 현재 고려대 경영대학 명예교수로 있다.
한국비영리학회 이사장, 사회복지공동모금회 부회장, CSR포럼 이사장, 반부패협력대
사 등으로 활동하고 있으며 조직행동론, 윤리경영 그리고 영리조직과 비영리조직의 관
계 등이 주요 연구분야이다. 주요 저서로는 《기업과 비영리조직의 파트너십 구축》(공
저, 2014), 《사회복지 윤리경영 교육 실천 매뉴얼》(편저, 2010) 등이 있다.

다)의 임원은 'Credo가 어디에 있지' 하면서 뒤적거리며 찾는 척하다가 결국 못 찾자 Credo는 아무런 의미가 없다고 Credo means nothing 겸연쩍게 응답하였다는 것이다.

수많은 토론과 고민을 통하여 수립되고 선포된 경영이념이 임직원의 마음속에 깊숙이 자리 잡지 못한 채 먼지로 뒤덮인 액자 속 문구로 남은 사례는 그리 드물지 않다. 아무리 훌륭한 경영이념이라 하더라도 임직원의 행동으로 이어지지 않는다면 공허한 메아리가 되고 만다. 따라서 올바른 경영이념을 수립하는 것만큼 임직원들의 업무와 일상 속에 경영이념이 녹아들고 이를 수행할 수 있는 능력을 개발함으로써 지속적으로 실천하는 것이 필요하다. 인재육성과 조직문화가 중요한 이유가 여기에 있다. 입사에서부터 퇴직까지의 전 과정에 경영이념이 자연스럽게 녹아들어 내재화, 체질화함으로써 모든 임직원이 이를 자연스럽게 실천할 수 있도록 해야 하기 때문이다.

기업시민이라는 경영이념이 인재육성과 조직문화를 통하여 체화되기 위한 근본적 토대로서 칸트의 정언명령 Categorical Imperative이 유용하다. 기업시민은 첫째, 구성원을 수단이 아닌 목적으로 여기며 합리성을 지닌 존재로 존중하여야 한다. 둘째, 보편성의 원칙으로서 한 이해관계자의 이익을 위하여 다른 이해관계자를 희생시켜서는 안 된다. 셋째, 도덕적 공동체로서의 기업이 되어야 한다. 즉, 기업 조직이 운영되는 원칙이나 구조가 도덕성에 기반하여야 하며, 기업을 이윤창출을 위한 수단으로 여겨서는 안 된다. 홀푸드 마켓의 창업자인 존 매키John Mackey가 강조하듯이, 인간이 먹지 않고는 살수 없듯이 기업도 이윤을 창출하지 않으면 존재할 수 없다. 그러나 대부분의 인간이 먹기 위하여 살지 않듯이 이윤은 기업의 핵심 미션을 달성하기 위한 수단일 뿐 목적 그 자체가 될 수는 없다.

구체적으로 무엇을 해야 할까? 첫째, 인간존중, 보편성, 도덕적 공동체라는 기업시민 관점에서 채용, 평가, 승진, 보상 기준을 수립하고 실행함으로써 기업시민 이념에 따라 행동할 수 있도록 동기 부여하는 것이 필요하다. 이러한 일련의 인사관리 과정을 통해 모든 임직원이 자연스럽게 기업시민 이념을 업무 수행 시 판단과 의사결정의 준거로 삼아 기업시민을 실천할 수 있게 된다.

둘째, 조직문화를 통해 기업시민경영이 '조직의 성과 창출'과 '나의 안전과 성장'의 토대라는 인식을 공유하도록 해야 한다. 기업시민경영이 이윤을 희생하는 것이 아닌, 복잡해진 문제를 해결하기 위해 다양한 내·외부 이해관계자와 '협업하는 플랫폼'으로서 보다 크고 창의적인 혁신과 성장을 도모하는 기반임을 분명히 해야 한다. 이와 동시에 임직원들의 신체적, 심리적 안전이 회사가 추구하는 인재육성·조직문화의 중요한 가치임을 전달해야 한다. 이를 통해 임직원들이 일터에서 신체적 위협을 느끼지 않고 안전하고 쾌적하게 일하며, 심리적 안정감을 통해 학습, 혁신, 성장하여 기업시민 구성원으로서 대우받는다는 인식을 가질 수 있도록 해야 한다.

기업은 조직 구성원의 육체적, 재정적, 심리적, 사회적 건강, 즉 웰빙 증진의 원천이다. 조직 구성원은 회사와 즐겁게 만나서, 참된 의미가 충만한 동행을 하다가, 궁극적으로는 아름답게 헤어질 수 있어야 한다. 뿐만 아니라 시민으로서의 기업은 조직 내부의 모범적 활동을 통하여 집단, 지역사회, 국가 그리고 글로벌 사회의 웰빙에도 기여하여야 한다.

더 큰 가치 창출에 앞장서는
인재를 육성하라

임직원은 기업의 지속가능성을 담보하는 중요한 동력이자 가장 중요한 이해관계자이다. 따라서 임직원이 행복하고 보람된 일터가 될 수 있도록 만들어 나가는 것은 기업시민경영을 추진함에 있어 매우 중요한 목표이다.

이러한 목표를 달성하기 위해서는 먼저 공정한 인사제도와 안정적인 노사관계를 구축하는 것이 필요하다. 또한 구성원의 건강과 안녕을 담보할 수 있는 체계를 마련해야 한다. 이러한 기본적인 니즈가 충족되지 못할 경우 행복하고 보람된 일터 조성은 요원한 목표가 되기 때문이다.

한 걸음 더 나아가 신뢰와 창의를 기반으로 'Work & Life Integration'과 지속적인 역량개발을 지원할 수 있어야 한다. 이러한 일련의 과정을 통해 임직원 스스로 기업시민의 구성원으로 성장하고 자신의 자아를 실현할 수 있도록 도모해야 한다.

따라서 기업시민경영을 추진하는 기업의 인재육성 기능은 다음과 같은 역할에 보다 집중해야 한다.

1) 기업시민형 인재로의 성장 지원

2) 구성원의 긍지와 자부심을 고취하는 공정하고 합리적인 인사
제도

3) 직원의 '심리적 안정감'을 높이는 맞춤형 인사노무제도

1) 기업시민형 인재로의 성장 지원

기업의 인사제도는 급여든 비금전적 보상이든 한정된 사내 자원을 직원에게 배분하는 과정에 회사의 경영이념과 철학을 투영함으로써 직원들의 변화와 성장을 장려하는 역할을 하게 된다. 즉 채용, 교육, 평가, 보상, 승진 등 모든 인사관리 과정에서 기업시민 이념의 실천을 촉진함으로써 전 임직원이 기업시민에 부합한 인재가 될 수 있도록 지원해야 하는 것이다.

이를 위해 먼저 기업시민형 인재가 무엇인지 구체화하는 것이 필요하다. 실천·배려·창의 등과 같이 기업시민 인재가 가져야 할 소양과 자질을 정의하고 이를 보유한 인재를 선발할 수 있도록 채용기준, 모집집단을 설정해야 한다.

또 모든 구성원이 기업시민형 인재로 성장할 수 있도록 지원해야 하며, 협업·존중·상생을 기반으로 업무성과를 창출할 수 있도록 교육과 코칭을 강화해야 한다. 기업시민 실천을 평가와 보상의 주요 기준으로 삼아 이에 부합하는 직원을 우대하고 그렇지 못한 직원에 대해서는 변화에 동참할 수 있도록 계속 독려해야 한다.

특히 새로운 인사제도를 기획하거나 기존 제도를 개선할 때에는 기업시민이 추구하는 가치에 부합하는지를 염두에 두고 항상 철저하게 검토해야 한다. 또한 기업시민 철학을 교육과 연계하여 회사의 지향점과 실천원칙을 지속적으로 내재화하고 기업시민 실천에 필요한 다양한 역량을 육성해 나가야 한다.

마지막으로 자신의 직무역량을 계속 강화해 나갈 수 있도록 지원해야 한다. 기업시민 관점에서 자신의 업무를 새롭게 개선하고 고차원적 성과를 창출해 내는 것은 본연의 업무에 대한 고도의 전문성이 담보되지 않을 경우 불가능하기 때문이다. 이를 위해 VR/AR 등 IT 기술을 활용하여 직무역량을 보다 빠르게 개발할 수 있도록 지원하고, 글로벌 최신 트렌드를 언제 어디서나 학습할 수 있는 교육 시스템을 구축해야 한다. 동시에 그린, 뉴 칼라 등 미래를 선도하는 직무역량을 함양하여 자신의 업무에 적용할 수 있도록 독려해야 한다.

실천사례

기업시민형 인재상과 육성활동

포스코에서는 기업시민형 인재상을 구체적으로 정립하여 인재의 채용, 육성, 평가 등 HR 제도와 교육프로그램에 연계하고 있다.

기업시민형 인재는 실천·배려·창의를 기반으로 업무에서 경영이념을 실천할 수 있는 상생·협력·품격의 마인드와 태도를 갖춘 인재이다. 역량 측면에서는 미래 변화에 대응하여 새로운 가치를 창출할 수 있는 '뉴 칼라New Collar'로서의 필요역량과 최고의 전문성을 갖추어야 한다.

이러한 인재를 육성하기 위해서 포스코는 워크숍 등을 활용한 기업시민 마인드셋 함양, 직급별 맞춤형 교육 운영, 우수사례 공유 등의 교육 프로그램을 구성하고 있다.

실천사례

'포스튜브'와 '포스위키'로 스킬을 전수하는 지식근로자

포스코는 일과 학습이 자연스럽게 어우러지도록 다양한 부서 직원들이 서로 보유한 지식을 공유하는 온라인 학습플랫폼 '포스튜브'를 운영한다. 포스튜브는 세대 간 원활한 기술 전수를 위해 젊은 직원들이 선호하는 짧은 UCC 형태로 사내 직무 노하우를 담은 영상을 제작하여 공유하는 맞춤형 공유 플랫폼이다.

포스튜브에서는 조업, 정비, 안전 등 다양한 분야의 콘텐츠가 공유된다. 특히 숙련도가 높은 직원이 돌발상황이 발생했을 때 처리하는 과정을 영상으로 촬영하여 교육자료로 활용하기도 한다. 기존의 서면 자료만으로는 정확하게 전달하기 어려웠던 현장의 작업 노하우와 트러블슈팅 방법 등의 내용을 영상 콘텐츠로 제공해 줘서 학습효과도 높다는 평가를 받고 있다. 또 선후배가 함께 영상을 제작하는 과정에서 선배의 노하우를 전수해 주고 세대 간에 자연스러운 소통의 효과도 얻을 수 있다.

포항제철소, 광양제철소에서는 가상현실Virtual Reality, 증강현실Augmented Reality 등 디지털 신기술을 접목하여 노하우를 전수하는 방법도 활용한다. 이는 현장실습이 어려운 정비작업이나 감전사고 발생 위험이 높은 작업에 대비하여, 시간 및 공간의 제약 없이 반복하여 트러블을 해결

광양제철소의 가상현실 전기 정비작업 체험 화면

하는 과정을 실습할 수 있는 장점이 있다.

한편, 포스코는 업무지식이나 경력개발을 주제로 무엇이든 묻고 집단지성을 통해 답을 찾는 온라인 소통 시스템 '포스위키POS We:Key'도 운영 중이다. 포스위키에는 분야별로 약 220여 명의 현업부서 우수직원이 전문가 집단으로 참여하여 직원들의 업무지식과 경력개발 질문에 답변을 제공한다. 전문가 외에 일반 직원들도 자신이 아는 지식이라면 누구든지 답변할 수 있어 상호 간 다양한 지식과 경험이 활발하게 교류되고 있다. 포스위키는 지식을 매개로 다양한 부서 직원들이 서로 연결된다는 점에서, 직원 간 건강한 소통과 협업을 촉진하는 긍정적 사례로 평가되고 있다.

2) 구성원의 긍지와 자부심을 고취하는 공정하고 합리적인 인사제도

인사 부서는 직원들의 이야기를 경청하여 필요한 제도를 만들고 그 결과를 계속 살피면서 공정하고 합리적인 인사제도를 운영하기 위해 노력한다. 공정하고 합리적인 인사제도는 회사에 대한 신뢰를 높이고 직원들이 회사에 대한 긍지와 자부심을 갖도록 하기 때문이다.

직원 스스로 회사에 대한 자부심을 갖도록 하는 데 있어 인사의 역할은 매우 중요하다. 직원 입장에서는 평가·승진·보직 등의 인사운영이 합리적으로 이루어지고 현장의 고충도 적기에 해소된다고 느껴야 자부심을 갖고 업무에 몰입할 수 있기 때문이다. 자부심을 느낄 수 있는 분위기에서 근무하다 보면 자연스럽게 기업시민의 구성원임을 인식하게 되고, 기업시민을 실천하고 체화하는 데 앞장서게 된다.

따라서 회사는 명확한 기준과 원칙에 따라 제도를 운영하면서 공평무사의 자세와 열린 마음으로 현장의 목소리를 경청해야 한다. 회사생활에서는 인사와 관련된 작은 결정 하나가 직원들의 삶에 큰 영향을 미칠 수 있기 때문이다. 그러므로 인사부서에서는 직원들의 요구사항과 불만에 대해서도 긍정적이고 따뜻한 자세로 대응하기 위해 노력해야 한다. 책상 앞이 아닌 현장 속으로 들어가서 직원들의 고충사항은 무엇인지, 품격 있는 기업시민 인재가 되기 위해 업무 측면에서 필요한 점은 무엇인지 등을 발로 뛰며 이야기를 듣는 게 바람직하다.

이처럼 회사가 공정한 자세를 유지하면서 직원들의 고충을 적절한 시기에 처리하고 기업시민 실천을 장려하는 제도를 시행한다면 회사 전체에서 자발적이고 긍정적인 변화가 일어날 것이다.

실천사례

'공정하면서도 세심한 인사제도' 만들기

인사평가는 직원들에 대한 보상 수준을 결정하고 승진 및 보직의 근거자료로 활용되는 중요한 인사제도이다. 포스코는 임직원의 다양한 의견을 폭넓게 수렴하여 개선사항을 발굴하고, 그에 따라 평가운영 기준을 합리적으로 조정하는 등 공정한 평가가 이루어질 수 있도록 노력하고 있다.

최근에는 직원의 승진, 직책부여, 경력관리 과정에 기업시민 마인드셋을 평가요소로 반영하고자 평가제도를 '협업' 관점으로 개편하여 협조성·이타성을 반영했다. 일반 직원뿐 아니라 직책자까지 성과평가에 '협업' 항목을 신설하고, 동료 및 타 부서와 협업을 통해 성과를 창출한 과정과 실적을 작성하도록 하여 본인의 협업 기여도를 제대로 평가받을 수 있도록 했다. 이를 통해 동료 간 경쟁보다는 회사 공통의 목표 달성을 위한 협업 중심의 일하는 방식을 정착시키고자 한다.

또 현장부서의 의견을 보다 세심하게 청취하고자 기존에 임원을 대상으로 진행하던 HR Session을 부장, 그룹장 대상으로 확대하여 전사적으로 모든 조직의 고충사항이나 건의사항을 직접 듣고 있다. 부서별로 청취한 의견을 바탕으로 순환보직이 필요한 직원은 다양한 업무경험을 쌓으며 성장할 수 있도록 지원한다. 또 높은 수준의 직무전문성이 요구되

는 부서 구성원에게는 전문직으로 성장할 수 있는 다양한 역량개발 기회
도 제공한다.

이 밖에도 정기적으로 사내공모를 실시하고, 업무순환에 대한 의견 수
렴을 위해 직원들과의 면담을 확대하고 있다.

3) 직원의 '심리적 안정감'을 높이는 맞춤형 인사노무제도

회사의 임직원은 기업시민 경영을 실천하는 주체임과 동시에 가장
직접적이고 중요한 이해관계자이다. 그러므로 회사는 다양한 직원
들의 목소리에 귀를 기울이고 모든 직원이 행복한 직장생활을 할 수
있도록 배려해야 한다. 직원들이 각자 다른 업무환경이나 근무여건
에 놓여 있어도 '심리적 안정감psychological safety'을 가지고 업무에 몰
입할 수 있도록 맞춤형 인사노무제도가 필요한 이유가 여기에 있다.

'심리적 안정감'은 글로벌 IT기업 구글Google이 2015년 '아리스토
텔레스 프로젝트'를 통해 사내 180여 개 조직의 인력 특성과 조직문
화를 분석한 결과 발견된 요소이다. 도전적으로 즐겁게 몰입하며 높
은 성과를 창출하는 조직의 기저에는 심리적 안정감psychological safety
이 존재한다는 게 밝혀진 것이다.

심리적 안정감은 단순히 편안함만을 의미하지 않는다. 업무과정
에서 불가피한 갈등이 발생하더라도 이를 충분히 해소할 수 있다는
믿음, 결과가 미흡하더라도 최선을 다한다면 다시 한 번 기회가 주
어질 것이라는 신뢰를 의미한다. 그렇기 때문에 심리적 안정감을 가

진 조직의 직원들은 실패를 두려워하지 않고 도전할 수 있는 자신감이 있다. 반대로 심리적 안정감이 없는 조직의 구성원은 아무리 역량이 뛰어나더라도 이를 안심하고 발휘하지 못하기 때문에 창의적인 아이디어나 성과를 발휘할 수 없을 것이다.

기업시민을 실천하는 회사의 인사제도에는 직원의 의견을 경청하고 존중한다는 신뢰가 형성되면 구성원의 심리적 안정감도 더욱 공고해질 것이라는 믿음이 담겨 있어야 한다. 이를 위해서 회사는 직원들의 업무환경이 각자 다를지라도 모든 직원이 심리적 안정감을 가지고 일할 수 있도록 제도를 설계하고 그 원칙에 따라 조직을 운영해야 한다. 그래야 직원들이 '내가 어떤 상황에서든 최선을 다하면 회사도 나를 지켜 줄 것'이라는 믿음을 가지고 업무에 몰입할 수 있기 때문이다.

또 늘 새로운 업무환경에 적응이 필요하거나 힘들고 어려운 작업환경에서 고생하는 직원은 없는지, 불안감 때문에 자신의 역량을 발휘하지 못하는 직원은 없는지를 살펴야 한다. 기업시민에 부합하는 바람직한 인사제도를 정착하기 위해서는 직원들의 몰입도가 떨어지는 원인이 무엇인지 분석하여 제도를 개선하거나 새로운 업무수행 방식을 가이드할 수 있어야 한다는 것이다.

생애주기별 출산육아지원제도

최근 우리 사회는 세계적으로도 유례를 찾아볼 수 없을 만큼 심각한 저출산 위기에 직면해 있다. 이에 포스코는 기업 차원에서 가능한 해법을 제시하기로 하고, 그 일환으로 육아로 인해 고충을 겪는 직원들을 지원하고자 2020년 6월 국내 최초로 '경력단절 없는 육아기 재택근무제'를 도입했다.

이 제도를 활용하면 만 8세 또는 초등학교 2학년 이하 자녀가 있는 직원은 자신의 근무부서 여건에 따라 하루 8시간 또는 4시간 동안 선택적으로 자택에서 근무할 수 있어 출퇴근 시간을 육아에 활용할 수 있다는 장점이 있다. 재택근무 기간 중에도 급여, 복리후생, 승진 등 모든 제도가 근무직원과 동일하게 적용된다.

그림 4-1 — 포스코의 생애주기별 출산육아지원제도

01 결혼 전	02 임신기	03 출산기
· 결혼 축하금 · 사내 결혼식장 대관 (서울/포항/광양 등)	· 검진/유산/사산 휴가 · 임신기 단축근무 · 난임 치료 휴가/ 시술비 지원	· 출산 장려금 지급 (첫째 100만 원 둘째 500만 원) · 본인 출산휴가 · 배우자 출산휴가

04 육아기	05 재직기간
· 경력단절 없는 육아기 재택근무제 · 선택적 근로시간제 · 육아휴직, 어린이집	· 자녀 장학금 제도 (다자녀 한도 향상) · 가족돌봄/배우자 휴직 · 자율출퇴근제

서울 포스코센터 제 2어린이집 (2020년 3월 개원)

최근에는 육아기뿐만 아니라 임신기나 가족의 질병, 사고 등으로 긴급 돌봄이 필요한 직원들도 재택근무가 가능하도록 임신기·가족돌봄 재택근무제도로 확대하고 있다. 또 '배우자 태아 검진 휴가제'도 운영하고 있는데, 이는 기존에 운영하던 태아 검진 휴가를 남성 직원도 사용할 수 있게 한 유급휴가제도이다.

포스코는 직원의 생애주기에 걸친 또 다른 지원제도로 2020년 4월부터 '상생형 공동 직장어린이집'을 운영하고 있다. 이곳은 포스코그룹과 협력사 직원 자녀가 함께 이용할 수 있어 어린 자녀를 둔 협력사 직원들도 마음 놓고 근무할 수 있다는 점에서 호평을 받고 있다.

포항 상생형 어린이집 (2020년 4월 개원)

포항, 광양의 상생형 공동 직장어린이집은 제철소 부지 내 유휴공간을 활용해 자연친화적인 콘셉트로 만들어졌다. 어린이집 건물도 스틸 구조의 건축물로 지어서 아이들이 쾌적하고 편안하게 지낼 수 있고, 우수한 교사진과 교육 프로그램이 갖춰져 있어 직원들 사이에 인기가 좋다.

실천사례

포스코인터내셔널의 심리적 안정감 제고 활동

종합상사인 포스코인터내셔널은 2020년의 COVID-19 상황을 맞아 해외 각 지역에 파견된 주재원이 안정된 여건에서 근무할 수 있도록 해외보상

체계를 개편했다. 전 세계 어느 곳에서 근무하든 안전한 주거환경을 제공하기 위해 주택 지원을 현실화하였고, 근무환경이 열악한 지역의 근무자를 위해 오지수당을 상향 조정하였으며, 오지 환경에서 오는 심리적 스트레스를 해소할 수 있도록 '심신 건강 돌봄 지원제도'도 신설했다. 또한 '휴(休)스마일' 심리상담실을 열어 직원뿐 아니라 직원 가족들도 전문가의 상담을 받으며 심리적 안정감을 얻을 수 있도록 지원하고 있다.

인재육성 관점의 기업시민경영 실천 핵심 포인트

1. 기업시민 철학에 따라 채용 · 교육 · 평가 · 보상 · 승진 등 모든 인사제도를 설계하고 운영한다.
2. 열린 마음으로 현장의 목소리를 경청하여 공정하고 합리적으로 인사제도를 운영한다.
3. 직원 개개인이 신뢰를 기반으로 한 노사관계 속에서 심리적 안정감을 갖고 업무에 몰입할 수 있도록 맞춤형 인사노무제도를 지원한다.

포스코, 신뢰의 기업문화를 토대로 하는
가족친화제도 운영

은기수

포스코의 가족친화제도에는 직원들을 배려하여 회사가 앞장서서 계획하고 실시한다는 신뢰가 강하게 존재한다. 많은 포스코 직원들을 만나 인터뷰를 한 결과, 직원들은 '서로를 배려하고 함께 가는 문화, 애사심과 신뢰를 기반으로 한 화합하는 문화'가 있기에 이러한 제도가 도입될 수 있다고 생각하고 있었다.

직원들은 포스코의 가족친화정책에 대해 육아기 자녀를 둔 구성원이 실제로 이용할 수 있는 구체화된 실용적 제도라고 인식하고 있다. 본인뿐 아니라 필요한 동료가 이용할 수 있는 제도라는 점에서 긍정적으로 평가하는 것이다.

은기수

미국 펜실베이니아대에서 박사학위를 받았으며, 현재 서울대 국제대학원 사회학 및 인구학 교수로 재직 중이다. 한국인구학회와 한국사회사학회 회장으로 활동하고 있으며, 저출산과 고령화, 수도권 인구집중, 근대화와 가족의 변화분석이 전공이다. 주요 저서로는 《한국의 인구 주택》(2008), 《한국의 인구 1, 2》(2003), *Aging in East and West* (공편, 2000, Springer) 등이 있다.

특히 직원들 대부분이 회사에서 돌봄과 일을 병행할 수 있게 해주는 제도를 타사와는 비교할 수 없을 정도로 다양하게 마련했다는 데 대해 감동하고 있다. 경력단절 없는 육아기 재택근무제도를 활용한 한 직원은 인터뷰 과정에서 "육아휴직 종료 시기가 다가왔지만 아이 등·하원 시 돌봐줄 사람을 구하지 못해 복직하기 힘든 상황이었습니다. 그런데 마침 회사에 '경력단절 없는 육아기 재택근무' 제도가 생긴 것을 알게 되었고, 이를 신청해 일과 육아를 병행할 수 있게 되었습니다. 특히 아이의 등·하원 시간에 맞춰 10~15시로 단축근무도 가능하고, 출·퇴근 시간도 없어 아이와 더 많은 시간을 함께할 수 있게 되었습니다. 회사에 이런 선진적인 육아제도가 생겼다는 데 감동하면서, 아이도 저도 함께 행복한 나날을 보내고 있습니다"라고 말하기도 했다.

포스코의 가족친화제도는 구성원들 상호 간의 이해를 높이고 화합과 협력을 다지는 데도 기여한다. 직원들은 지금 당장 내가 제도를 이용하지 않는다 해도, 앞으로 나에게 돌봄공백 상황이 닥쳤을 때 언제든지 내가 신뢰하고 기댈 수 있는 '회사가 제공해 주는 든든한 안전망'이 있다고 생각한다. 이는 결국 포스코 구성원이라는 자긍심을 높이는 데도 분명히 한몫할 것으로 기대된다.

핵심 역량을 활용한 교육훈련방식 개선으로
사회적 가치와 경제적 가치 창출

구자숙

구성원의 역량과 전문성을 강화하는 것은 기업이 차별화된 경쟁력을 유지, 확보하고 지속 성장하는 데 중요한 동력이 된다. 이 때문에 교육훈련은 언제나 인사관리의 중요한 화두이다. 특히 최근에는 최신 IT 기술을 접목하여 교육훈련의 효율성과 효과성을 제고하는 것이 중요하다.

건설산업에서는 안전사고가 빈번히 발생함에 따라 안전 역량과 전문성을 배양하는 교육이 집중적으로 이루어진다. 하지만 이러한 노력에도 불구하고 하도급 구조 등 산업 특성으로 인해 획기적인 개선이 이루어지지 못하는 것이 현실이다. 이런 상황에서 포스코A&C가 추진하는 BIMBuilding Information Modeling 기반 3D 시각화 교육은 주목할 만한 성과를 보이고 있다.

포스코A&C는 공공청사, 주거시설, 산업시설 등 다양한 건축물의 설

구자숙

미국 하버드대에서 박사학위를 받았으며, 현재 경희대 경영학과 교수로 재직 중이다. 한국인사조직학회 부회장으로 활동하고 있으며, 조직행동이 전공이다. 주요 연구 분야로는 자발적 직무설계, 여성리더십, 일과 삶의 조화 등이 있다.

계, 시공과 함께 안전관리를 포함한 건설사업관리(CM; Construction Manage-ment)를 수행하는 기업이다. 따라서 시설물의 생애주기(계획, 설계, 시공, 유지관리, 폐기)에 걸쳐 다양한 분야에서 발생하는 정보를 통합하여 시설물의 형상, 속성 등을 3D 디지털 모형화하는 BIM 기술이 매우 중요하다.

포스코A&C는 BIM 기술을 비즈니스 영역에만 국한해 사용하지 않고, 한걸음 더 나아가 현장 교육에 적극 활용하고 있다. 현장 모습을 가상공간에 3차원(3D)으로 시각화하고 현장 작업에 필요한 정보를 통합, 재현한 결과를 교육에 직접 반영하는 것이다. 이를 통해 작업자에게 현장의 깊이, 높이 및 너비에 대한 정보를 시각적으로 전달하게 되어 작업자는 자신의 작업 프로세스와 건물 시스템, 구조 등을 보다 명확하게 이해할 수 있게 된다. 또 작업공정에서의 위험요인까지 명확하게 파악하도록 도와주고 잠재적 위험은 사전에 제거할 수 있도록 교육한다. 불의의 사고가 발생했을 때 안전하게 대응할 수 있는 대응책도 미리 숙지할 수 있도록 교육과정에 반영하고 있다.

교육의 효과는 예상보다 더욱 놀라웠다. 교육 효과에 대한 설문 분석 결과 '3D 시각화 자료를 활용하기 때문에 더 효과적이다'(33%), '미래 작업 모습을 미리 볼 수 있어서 더 효과적이다'(24%) 등 긍정적 의견이 다수를 차지하였으며, 부정적 응답은 단 한 건도 나타나지 않았다. 기존 교육방식과의 효과를 비교 분석한 결과에서도 BIM 교육이 현장지식 및 안전지식 수준, 안전문화 인식, 교육품질 인식 등의 측면에서 유의미하게 높은 효과를 보이는 것으로 나타났다.

BIM을 활용한 교육의 효과는 안전역량뿐 아니라 직무역량 개선에도 영향을 미친 것으로 나타났다. 특히 회사가 작업자의 안전을 중요시한다는 인식을 심어 줌으로써 작업자의 심리적 안전감과 조직에 대한 자부심을 강화하였고, 이는 안전뿐 아니라 업무 자체에 대한 만족도를 높이고 수행 업무의 의미를 더 잘 이해하도록 하여 직무 성과가 향상되는 결과로까지 이어졌다. 즉, 안전뿐 아니라 근무의 질, 직무 성과까지 제고함으로써 고객인 발주처의 만족도도 향상되고 이와 더불어 추가적인 비즈니스 가치 창출까지도 연계되었다.

포스코A&C의 BIM을 활용한 교육 사례는 기업시민 관점에서 자사의 특화된 기술을 활용하여 안전사고 예방이라는 본업 연계 사회적 가치를 창출하고, 동시에 회사의 경제적 가치도 제고한 매우 우수한 사례라 판단된다.

신뢰와 창의의 조직문화로
기업시민 문화화를 완성하라

대다수 직장인들은 하루 24시간 중 잠자는 시간을 제외한 절반 이상의 시간을 회사에서 보낸다. 그런 의미에서 회사는 또 다른 가정이라고 보아도 무방할 것이다. 그러므로 가족 간에 화목해야 모든 일이 순조롭게 풀리는 것처럼, 회사에서도 함께 근무하는 동료들과 관계가 순탄해야 구성원들이 행복하고 회사도 지속가능하게 발전할 수 있다.

회사를 화목한 가정에 비유한다면 가정의 가풍에 해당하는 것이 조직문화일 것이다. 기업시민의 조직문화는 마치 과일나무를 키우듯이 기업시민 가치를 임직원 가슴에 심어서 뿌리내리게 하고, 회사의 다양한 분야에서 경제적·사회적 가치를 창출하여 열매를 맺는다는 특징이 있다.

이제 기업은 일부의 업무가 아닌 모든 업무에서 기업시민을 고민하고 접목하는 '기업시민 문화화'를 완성시켜야 한다. '기업시민 문화화'는 모든 임직원이 기업시민을 Credo로 삼아, 업무를 수행할 때에 판단과 의사결정의 근거로 실행하는 것을 말한다.

조직문화 부서에서 기업시민경영을 적용할 때 고려할 영역을 정리하면 다음과 같다.

1) 서로가 협력하고 함께 성장하는 명문가※ 구현
2) 지속가능한 일터를 만들기 위한 일하는 방식 업그레이드
3) 윤리와 인간존중의 가치 실천 생활화
4) 글로벌 모범시민의 마인드셋과 에티켓 체질화

1) 서로가 협력하고 함께 성장하는 명문가 구현

기업시민 조직문화는 리더십과 팔로워십, 일하는 방식, 구성원들의 가치관, 정신mindset과 에티켓 등의 측면에서 명문가※의 가풍을 나타내야 한다. 그러자면 임직원이 공존·공생을 실천하며 일하는 문화를 조성할 수 있도록 공유 리더십과 똑똑한 팔로워십이 필요하다.

먼저 기업시민의 구성원은 아웃워드 마인드셋outward mindset (이타적 마인드) 을 중심으로 업무를 수행해야 한다. 직원에 대한 배려와 존중, 공감을 기반으로 솔선수범하면서, 회사의 앞날을 책임지고 새로운 미래가치를 발굴하는 길잡이, 나아가 후배를 이끌어 주는 등대로서 코칭의 역할을 해야 한다.

기업시민경영에 부합하는 리더는 군림하는 리더가 아니라 섬기는 리더이다. 투철한 주인의식을 바탕으로 배려와 존중의 자세로 헌신하고 봉사하며 솔선수범해야 한다. 중국 당나라 임제 선사의 말처럼

"수처작주 입처개진隨處作主 立處皆眞", 즉 "이르는 곳마다 주인이 되면 서 있는 곳이 모두 진리"라는 마음가짐으로 조직의 중심이 되어 미래를 밝혀야 한다.

그런 의미에서 기업시민형 리더는 어두운 바다를 멀리 비추는 등대처럼 스스로를 낮추면서 구성원들이 나아갈 방향을 일러 주어야 한다. 어떤 위치에서든 직원들과 소통하고, 직원들이 본연의 업무에 몰입해서 역량을 발휘할 수 있도록 도와야 하며, 눈앞의 성과에 집착하지 않고 회사의 먼 미래까지 생각하는 역할을 해야 한다.

또한 리더는 향후 회사를 이끌어 나갈 MZ 세대의 개성과 다양성을 존중하고, 그들을 육성하는 데에도 세심한 관심을 기울여야 한다. 리더는 권위보다는 자율을 추구하고 일의 의미와 가치를 중시하는 MZ 세대의 특성에 맞춰 공감과 배려의 마음으로 코칭함으로써 이들이 지닌 장점을 꽃피울 수 있도록 적극 지원해야 한다.

리더의 역할이 중요한 만큼 직원들의 팔로워 역할도 중요하다. 직원들은 공동의 목표를 위해 리더를 적극 지원하고 건설적 조언을 하는 파트너가 되어야 한다. 이를 위해 리더의 지시를 무조건 지지하거나 맹목적으로 수용하기보다는 독립적으로 사고하여 적절한 대안과 보완책을 제시하고 때로는 합리적 관점에서 반대 의견도 개진할 수 있어야 한다.

또한 높은 주인의식과 책임감을 바탕으로 능동적, 주도적으로 업무를 수행해야 한다. 나아가 기업시민의 경영이념·협업문화를 실천하는 '똑똑한 팔로워'가 되어 배려하는 마음으로 다른 부서 직원이

나 파트너 회사의 요청에 긍정적으로 협업해야 한다.

　이처럼 리더와 팔로워가 기업시민의 구성원으로서 각자의 역할과 본분을 다한다면 회사는 지속적으로 발전하면서 개인의 성장과 행복이 있는 일터로 발전해 나갈 것이다.

실천사례

공유 리더십과 똑똑한 팔로워십 체화 프로그램

공유 리더십

포스코의 공유 리더십 프로그램은 공감에 바탕을 둔 리더십·코칭을 실현하기 위해 베스트 프랙티스best practice를 공유하는 등의 교육과정을 체계적으로 추진하여 리더의 역량을 강화하는 데 중점을 두었다.

　먼저 포스코인재창조원 주도로 승진자·직책자를 위한 맞춤형 '코칭역량' 교육 프로그램을 개발했다. 리더십 베스트 프랙티스 측면에서는 혁신·리더십 우수사례를 스토리화하여 대내외에 공유한다. 또 MZ 세대가 거꾸로 직책자에게 멘토링하는 역逆멘토링 미팅을 통해 세대 간 공감대를 만들고, IVPIndividual Value Proposition 관점에서 직원의 자녀출산, 입학, 진급 등의 이벤트를 축하하는 등 세심한 리더십을 실천한다.

　구체적으로 업무와 관련해서는 조직관리, 지시, 보고, 회의, 소통, 협업의 6가지 영역별로 리더의 행동원칙을 제시하는 '직책자의 일하는 방식 행동지침'을 다음과 같이 제정하여 실천한다.

• 직책자의 일하는 방식 행동지침 •

① 구성원들이 업무에 몰입할 수 있는 환경을 조성하고, 전문가로 성장하도록 지원한다.

② 지시할 때는 꼭 필요한 일인지를 우선 판단하고, 목적, 방법, 기한 등을 명확하게 제시한다.

③ 보고를 받을 때는 구두나 메일을 적극 활용하고, 보고할 때는 핵심내용 중심으로 간략히 보고한다.

④ 회의는 최소 인원만 참석하여 열린 분위기 속에서 효율적으로 결론을 도출하고, 반드시 실행한다.

⑤ '현장에 답이 있다'는 사실을 명확히 인식하고, 진정성 있게 소통하여 현장에서 문제를 해결한다.

⑥ 상생의 마인드에 기반하여 협업 기회를 상시 발굴하고, 직원들에게 협업을 적극 장려한다.

똑똑한 팔로워십

기업시민 구성원들이 똑똑한 팔로워십을 갖도록 하기 위해 신입 및 계층별 승진자 교육 시 팔로워십 교육을 실시한다. 장차 회사를 이끌어 갈 전문가로 성장할 수 있도록 역할을 리마인드하는 교육이다. 또한 장기근속 직원들에게는 회사 내·외부에서 그들의 전문성을 활용할 수 있는 기회를 개발하는 등 지속적으로 몰입하여 일할 수 있는 분위기를 조성한다.

이와 함께 직원들이 리더를 적극 지원하고 능동적으로 업무를 수행하여 성취감과 시너지를 높일 수 있도록 다음과 같이 '똑똑한 팔로워십 실천원칙'을 제정하여 제시했다.

• 똑똑한 팔로워십 실천원칙 •

① 일의 목적과 이유를 명확히 이해하고 업무에 착수한다.

② 지시사항을 수동적으로 받아들이기보다는 주체적으로 사고하며, 수명사항이 안전, 윤리, 상생 등의 가치에 상충되지는 않는지 다양한 관점에서 판단한다.

③ 이슈가 예상되는 지시사항에 대해서는 주인의식을 바탕으로 창의적이고 합리적인 대안을 제시한다.

④ 자기주도적으로 끊임없이 학습하여 업무지식과 문제해결 역량을 배양한다.

그림 4-2 ─ 기업시민 구성원의 리더십과 팔로워십

기업시민 구성원의 일하는 방식
아웃워드 마인드셋을 바탕으로 공존·공생
실천, 이해관계자와 함께 성장 발전

목표

동기부여
(동기요인)

공유
리더십
+
똑똑한
팔로워십

2) 지속가능한 일터를 만들기 위한 일하는 방식 업그레이드

시대 변화에 따라 일과 삶의 균형work & life balance이 사회적 화두로 떠오르면서 일하는 방식에도 변화가 필요하다는 공감대가 커지고 있다. 양量에서 질質로 일의 패러다임이 바뀌는 상황에서 오랜 시간 자리를 지키기보다는 충분한 휴식을 통해 활력을 회복하여 스마트하고 창의적으로 일해야 한다는 의미일 것이다. 이는 일과 중에는 열정을 다해 업무에 매진하고 일과 후에는 충분한 휴식과 자기계발을 하는 것이 일과 삶 모두에서 만족감을 높인다는 의미이기도 하다.

이를 실현하기 위해서는 앞의 사례에서 설명한 '직책자의 일하는 방식 행동지침'과 '직원의 똑똑한 팔로워십 실천원칙' 항목이 일하는 방식의 기본이 되어야 한다. 임직원 모두가 각자의 역할을 인식하고 주체적인 노력을 기울일 때 일하는 방식의 근원적 변화가 가능하기 때문이다.

개별 구성원 차원을 넘어 부서 단위로는 현재의 일하는 방식이 효율적인지, 더 나은 방법은 없는지 끊임없이 고민하면서, 일의 본질에 집중하여 스마트한 방식으로 성과를 내는 조직으로 변모해야 한다. 모든 업무를 원점에서 다시 생각해 보고, 3실(실질, 실행, 실리)에 부합하지 않으면서 시간, 노력, 비용 등 자원의 낭비를 초래하는 관행적 활동은 과감히 줄여 나가야 한다.

변화의 속도가 빠르고 불확실성이 높아 새로운 지식에 대한 학습 능력이 핵심 경쟁력이 된 지금, 일터에서도 새로운 것을 빠르게 익

히고 학습하여 성장하는 것이 중요하다. 이를 위해서는 직원 스스로 동기와 필요성을 가지고 역량을 키우는 능동적 학습이 이루어져야 한다. 또 회사는 인프라 구축과 제도 개선을 통해 이를 뒷받침해야 한다. 특히 회사는 구성원들이 지식과 경험을 동료들과 나누면서 집단지성을 통해 서로의 성장을 도울 수 있도록 협업과 학습이 일상화된 일터를 조성하는 것이 중요하다.

실천사례

협업과 기업시민 실천 증진을 위한 '올인원 협업 플랫폼' 구축

포스코는 신속하게 협업하고 소통할 수 있는 업무환경을 만들기 위해 협업에 관련된 모든 업무기능을 통합한 '올인원 협업 플랫폼'을 구축하여 일하는 문화의 근본적 변화를 추진하고 있다.

올인원 협업 플랫폼은 메일·영상회의·문서공유·메신저·결재 등을 하나의 앱App에서 원클릭으로 활용하는 플랫폼으로, 업무조직별 커뮤니케이션은 물론 파일공유, 메신저 등 협업에 필요한 다양한 기능을 제공한다. 기존에 사용하던 문서공유시스템에서 협업에 불편했던 점들을 개선하여 스마트폰에서도 구현할 수 있는 기능을 확대하고 문서검색과 공유의 편의성을 대폭 향상시킨 것이다.

이와 같이 IT 인프라 구축이나 제도 개선을 통해 회사 내에서 협업 분위기를 조성함으로써, 협업은 '하면 좋은 것good to do'을 넘어 '꼭 해야 하는 것have to do'으로 인식이 전환될 수 있도록 자연스럽게 유도하고 있다.

실천사례

포스코ICT의 'Change Leader' & 'Work Smart' 프로그램

포스코ICT는 전사적으로 '똑똑하게 일하기Work Smart'를 실천하기 위해 노력하고 있다. 이를 통해 '보고서 없이 빠르게 실행하기', '똑똑하게 메일 보내기' 등 업무에 실질적으로 적용할 수 있는 업무방식을 정착시켜 가고 있다.

2019년부터는 워크스마트의 일환으로 '리더의 방식 변화Change Leader' 캠페인을 시작했다. 리더 개인의 변화를 촉진하는 프로그램이다. 이 캠페인에 따라 리더들에게는 지시·소통·회의보고·공유 등 각 영역별로 실행지침을 전파하여 실천하도록 독려하고 있다. 또한 조직구성원들은 매년 상위 리더의 일하는 방식의 변화 수준을 진단하여 피드백한다.

실천사례

포스코에너지의 소통 활성화 프로그램

포스코에너지는 '인문학'을 소통의 장으로 활용한다. 인문학 교육을 통해 통찰력을 키울 뿐 아니라 인문학적 공감대를 형성하여 자연스럽게 서로 소통할 수 있도록 '인문학 발전소'를 운영하여 직원들의 큰 호응을 얻고 있다.

'인문학 발전소'에는 인문학 놀이터, 도시락 인문학, 찾아가는 인문학 등의 프로그램이 있다. 인문학 놀이터로는 '최인아 대표의 미래를 움직일 생각의 힘', '임진모의 대중음악과 사회', '이익주 교수의 정도전 리더십' 등을 진행했고, 도시락 인문학으로는 '가을에 잘 어울리는 레드와인',

'직장인 절세 가이드' 등을 진행했다.

2020년에는 COVID-19로 집합교육이 어려워지자 '랜선' 인문학, '삼삼오오' 인문학, '패밀리' 인문학 등으로 형태를 변형하여 추진했다.

3) 윤리와 인간존중의 가치 실천 생활화

기업시민경영을 구현하는 회사에서는 공정하고 투명하며 윤리적으로 업무를 처리하는 문화가 정착되어 있을 것이다. 그런 회사의 임직원들은 윤리와 인간존중이 모든 업무의 바탕이며 기업시민의 일원으로서 반드시 갖춰야 할 기본자세임을 기억하고 업무에 임해야 한다.

기업시민의 일원으로서 보람과 긍지를 가진 임직원은 기업 이미지를 훼손하고 건전한 사회생활을 저해하는 비윤리적인 행위와 성희롱, 직장 내 괴롭힘 등의 인간존중 위반행위를 저지르지 않는다. 이들은 항상 남을 배려하고 존중하며 더 나은 사회를 함께 만들어 간다는 마음으로 신중하게 행동할 것이고, 비윤리 행위는 단 한 번만으로도 개인은 물론 회사에 큰 피해가 되어 돌아온다는 점을 명심해야 할 것이다.

실천사례

〈전사 윤리실천 체크리스트 10〉

① 모든 의사결정 시 윤리를 최우선으로 하고 있다.

② 주인의식, 책임의식을 기반으로 세밀하고 철저하게 업무를 수행한다.

③ 부서 내 윤리 Risk 관리 예방활동에 최선을 다하고 있다.

④ 청탁을 근절하고, 퇴직 임직원 등에게 특혜를 제공하지 않고 있다.

⑤ 비윤리 사례 공유를 통해 소속 직원에게 주기적인 윤리교육을 하고
   있다.

⑥ 직장 내 괴롭힘, 성희롱 근절로 행복한 일터를 만들고 있다.

⑦ 회사 자산을 개인의 성과보다 회사 전체의 이익을 위해 사용하고 있다.

⑧ 비윤리적 지시에 대해 "No"라고 말할 수 있는 분위기를 조성하고 있다.

⑨ 학연, 지연 등으로 특정 직원을 우대하거나 차별하지 않기 위해 노력
   하고 있다.

⑩ 직원의 고충과 애로사항에 대해 관심을 갖고 의사소통을 하고 있다.

4) 글로벌 모범시민의 마인드셋과 에티켓 체질화

기업시민경영을 실천하는 기업은 직원들이 그룹사·협력사 등을
바라보는 관점이 올바르게 형성되어야 한다는 점을 이해하고, 임원
과 직책자부터 그룹사·협력사를 파트너로 인식하여 모범을 보여
야 한다.

　기업시민이 지향하는 지속가능한 발전은 구성원의 일과 삶에도

그대로 투영되어야 한다. 일터에서는 주인의식을 갖춘 역량 있는 인재로 성장해야 하고, 일터 밖에서는 배려와 존중을 체화한 건강한 시민으로서의 역할을 다하려고 노력하는 것이 필요하다.

임직원 모두가 '내가 기업시민 실천의 주체'라는 주인의식을 바탕으로 작은 것 하나부터 기업시민을 실천하고 행동으로 표출해야 한다. 아름드리나무를 키우는 데는 오랜 시간과 노력이 필요하지만 한 순간의 작은 실수가 나무를 병들게 하고 고사시킬 수 있다. '나 하나쯤이야'라는 안일한 생각으로 기업시민의 명성을 해치는 일이 없어야 하고, 모두가 기업시민의 주인공이고 홍보대사라고 자부할 수 있어야 한다.

기업시민의 모든 임직원은 '글로벌 모범시민'이 되어야 한다. 글로벌 모범시민은 성숙한 시민의식을 바탕으로 업무와 일상에서 이해관계자에게 존중과 배려를 실천하고, 더 나은 세상을 만들어 가는 데 기여하기 위한 공익적 활동에 자발적으로 참여하는 사람을 말한다. 회사와 운명을 함께하는 고객사·공급사·협력사는 물론 지역사회를 비롯한 여러 이해관계자들에게도 모범시민으로 기억되기를 원할 것이다.

글로벌 모범시민은 거창한 구호가 아니다. 내 주변의 동료를 더 배려하고 아껴 주기, 친환경·재활용 제품을 따져보고 구매하는 착한 소비자 활동에 동참하기, 일상에서 탄소 저감을 위해 일회용품 사용 줄이기를 실천하는 사람이다. 사소한 행동과 말 한마디에서 모범시민의 마음가짐과 행동이 드러나고 이것이 이웃과 지역으로 점점 더 확산되어 간다면 우리 사회가 지금보다 훨씬 더 성숙하고 발전된 사회가 되는 데 기여할 수 있을 것이다.

실천사례

일상 속 기업시민 실천을 위한 '마리챌' 프로그램

포스코의 마리챌My Little Challenge 프로그램은 직원 스스로 더 나은 사회를 만들기 위한 목표를 자율적으로 설정하고 매일매일 실천하는 프로그램이다. 작지만 의미 있게 꾸준히 실천하여 습관을 형성하고, 업무와 일상에서 기업시민 이념을 실천하는 운동을 말한다. 마리챌 시즌 1은 2021년 4월부터 두 달 동안 6천여 명의 임직원이 참여한 가운데 488개 프로그램으로 진행되었다.

어떤 활동이 하나의 습관으로 몸에 익숙해지려면 처음에는 일정한 동기부여가 필요하다. 마리챌은 'B. M. WBus. Metro. Walking(대중교통) 이용하기', '금수저와 은수저'(일회용품 최소화) 같이 탄소중립 실천 챌린지를 하면서도 매력적인 명칭을 부여하여 관심을 끌었다. 또 '멀티탭도 퇴근해'(절전)와 같이 구체적이고 명확한 목표습관을 설정하여 즉시 실천할 수 있도록 구성한 것도 특징이다.

마리챌 시즌 1의 참여자들은 탄소중립·친환경을 향한 나의 인식이 행동으로 연결되고 습관이 됨으로써 의미 있는 행동을 지속할 수 있었던 것에 대해 만족감을 표시했다.

이 프로그램을 시작하면서 포스코는 일상생활 속에서 일회용품 사용을 최소화하여 이산화탄소를 저감하는 활동에 적극 동참하기 위해 모든

포스코가 탄소저감 생활화를 위해 전체 임직원에게 배포한 친환경 텀블러

임직원에게 스테인리스 텀블러를 지급했다. 국립산림과학원에 따르면 30년생 소나무 1그루는 연간 6.6킬로그램의 이산화탄소를 흡수한다고 한다. 일회용 플라스틱 컵을 하루 1개씩 1년간 사용할 경우 발생하는 이산화탄소는 약 19킬로그램이니, 일회용 컵 대신 텀블러를 사용하는 작은 행동의 환경적 가치가 결코 작지 않음을 알 수 있다.

회의를 위해 포스코센터를 방문했던 협력기관 연구원의 이야기를 들어 보자.

"얼마 전 회의에 참석하려고 포스코센터를 방문했을 때 텀블러를 들고 다니는 분들이 많이 보여 신기했었는데요, 회의할 때도 종이컵 대신 머그컵에 커피를 주셔서 인상 깊었습니다. 포스코 직원분께 일회용 컵 없는 포스코센터 만들기를 위해 각자 텀블러를 사용한다는 설명을 듣고 그제서야 제가 봤던 모습들을 이해할 수 있었습니다. 포스코센터의 많은 임직원이 한마음이 되어 텀블러 사용을 문화로 만들어 간다는 것을 알게 되면서, 포스코 직원들이 기업시민 실천에 얼마나 진정성이 있는지 다시 한 번 느낄 수 있었습니다."

2021년 10월 현재 포스코는 마리챌 시즌3을 진행 중이다. 작지만 꾸준한 기업시민 실천활동이 습관으로 이어지고, 나아가 기업시민 포스코 고유의 조직문화로 정착되기를 기대하고 있다.

실천사례
글로벌 모범시민의 〈이해관계자와의 비즈니스 에티켓〉

① 회사・직급・직위에 관계없이 상대방을 존중하고, 항상 예의 바른 언어를 사용한다.

② 업무협조를 요청할 때는 필요성을 충분히 설명하고 일정은 상호 협의한다.

③ 협조 요청을 받았을 때는 성실하게 지원하고, 기한 내 회신이 어려운 경우 사전에 양해를 구한다.

④ 업무를 협의할 때는 대등하고 수평적인 관계에서 서로가 합리적이라고 여기는 기준과 절차를 준수한다.

⑤ 전화를 받을 때는 소속과 이름을 먼저 밝히고 상대방의 입장을 배려하며, 친절하고 진정성 있게 응대한다.

조직문화 관점의 기업시민경영 실천 핵심 포인트

1. 리더는 투철한 주인의식과 배려·존중의 자세로 솔선수범하고, 직원은 팔로워로서 공동의 목표달성을 위해 리더를 적극 지원한다.
2. 일의 본질과 핵심에 집중하여 보다 스마트하게 일하고, 끊임없이 학습하는 지식근로자로 성장한다.
3. 모든 업무는 윤리와 인간존중에 기반하여 투명하고 공정하게 처리한다.
4. 글로벌 모범시민으로서 성숙한 시민의식을 바탕으로, 이해관계자를 배려하고 더 나은 세상을 위한 공익적인 활동에 자발적으로 참여한다.

포스코강판,
기업시민을 실천하는 조직문화 만들기

전재욱

포스코의 그룹사인 포스코강판은 회사의 첨단 주력기술인 포스아트를 활용하여 시각장애인을 위한 점자 안내표지판, 어르신들의 장수사진, 공공시설 안내판 등을 제작하여 보급하고 있다.

포스아트PosART; POSCO Advanced Resolution printing Technology는 철강재에 잉크젯프린팅 기술을 접목한 고해상도 컬러강판을 말한다. 기존의 프린트강판보다 4배 이상 높은 해상도를 자랑하므로 완벽한 풀 컬러로 정밀한 디자인과 인쇄는 물론, 평면(2D) 강판에 입체감을 가진 3D 질감을 구현할 수도 있다는 장점이 있다.

기업이 업*의 특성을 반영한 전략적 사회공헌활동을 전개하는 것만으로도 높이 평가받을 일이다. 그런데 포스코강판의 사례는 참여한 구성원

전재욱

미국 뉴욕주립대에서 경영학 박사학위를 받고, 펜실베이니아주립대 조교수직을 역임하였으며, 현재 고려대학교 경영학과 교수로 재직 중이다. 한국경영학회 및 한국인사조직학회 상임이사로 활동하였다. 리더십과 조직행동 분야의 국제 저명 학술지에 30여 편의 논문을 게재하였다.

들이 일상 업무에서 기업시민 이념이 실제로 적용되는 것을 보면서 더 나은 사회를 구현하는 데 자신이 도움이 된다는 데 보람을 느끼고 있다는 점에서 그 의미가 더욱 크다.

이 사업은 구성원들이 포스아트 기술을 활용하기 위해 다양한 아이디어를 모으고 직접 지역사회를 찾아가는 사회공헌활동에 적극적으로 참여하는 방식이다. 구성원들은 포스아트로 만들어진 점자 표지판, 문화재 안내판, 장수사진을 지역주민에게 전달하면서 업무에 대한 자부심과 조직에 대한 애착이 커지고 사기가 높아졌으며, 사회공동체에 대한 관심 또한 커졌다고 말한다. 기업시민 관점에서 자신의 업무를 한 번 더 생각하게 되었다고 말하기도 했다.

이 활동은 일시적인 시혜가 아니라 장기적 관점에서 수혜자들이 필요로 하는 것을 근본적으로 고민하여 도출한, 진정성을 보인 활동으로서 매우 우수한 기업시민 실천 사례로 볼 수 있다. 특히 포스코강판이 가진 기술의 장점과 사업의 전문성에 적합한 프로그램을 설계한 점, 회사가 제도적으로 지원하면서 구성원들이 보람과 자부심을 느끼도록 내재화한 점이 인상적이다. 사회적 문제를 선제적으로 발굴하고 체계적으로 접근하여, 기업의 지속가능한 경쟁우위 창출로 이어질 수 있는 매우 차별화된 프로그램이라 할 수 있다.

기업을 바라보는 진화된 창窓, 기업시민

신현상

오늘날 우리는 COVID-19 팬데믹, ESG와 이해관계자 자본주의 열풍, 디지털 트랜스포메이션 등 인류 역사에 기록될 만한 대격변기를 겪고 있다. 이처럼 큰 변화 속에서 우리는 지금 기업과 사회의 관계를 어떻게 바라보아야 할까?

기업과 사회의 관계를 바라보는 창窓, 즉 기업이 사회적 가치를 창출하는 것에 대한 시각은 시대정신과 가치관이 변화함에 따라 진화해 왔다. 시대적 흐름에 따라 순서대로 크게 4가지 시각으로 발전해 왔다고 볼 수 있다.

신현상

미국 UCLA에서 경영학 박사학위를 받았으며, 현재 한양대 경영학과 교수로 재직 중이다. 현대차정몽구재단과 SK 사회적가치연구원에서 자문위원으로 활동 중이며 〈스탠퍼드 사회혁신리뷰〉(SSIR) 한국어판 편집장이다.

첫 번째 창은 주주이익 극대화profit maximization 관점이다. 노벨경제학상을 수상한 밀턴 프리드먼(Friedman, 1970)이 "기업의 사회적 책임은 자원을 효율적으로 배분하여 기업의 이익을 극대화하고 이를 주주에게 돌려주는 것"이라고 주장한 이후, 이 관점(흔히 프리드먼 독트린이라 불린다)은 20세기 경영·경제학을 지배한 패러다임이 되었다. 이 관점에 따르면 기업이 사회적 가치를 만들고자 노력하는 것은 전형적인 대리인 문제1에 해당한다. 주주의 대리인으로서 기업 경영을 대리하는 경영자가 기업의 주인인 주주의 돈과 자원으로 주주에게 별 실익이 돌아가지 않는 CSRCorporate Social Responsibilities(기업의 사회적 책임) 활동을 하는 것은 부적절한 행동이라는 뜻이다. 또 이는 결국 경영자가 주주의 돈으로 자신의 개인적 평판을 올리는 것에 해당하여 경영상의 배임행위로 볼 소지까지 있다는 셈이 된다.

하지만 이러한 시각은 사실상 요즘의 경영환경에서는 더 이상 적합하지 않다. 기업이 사회적 책임을 소홀히 하거나 비즈니스 파트너와 이해관계자를 배려하지 않고 스스로의 이득만 추구하는 경우, 여론의 비난을 받고 심하면 불매운동으로까지 이어져 결국에는 주주에게 큰 피해를 입히는 사례를 이제는 흔히 볼 수 있기 때문이다. 따라서 기업의 사회적 가치추구 활동은 부적절하고 배임에까지 해당

---

1   대리인 문제(Agency Problem): 개인이나 집단이 자신의 이해에 직결되는 의사결정을 타인에게 위임할 때 주인-대리인 관계가 성립되는데, 주인과 대리인 간에는 정보의 불균형, 감시의 불완전성 등으로 역선택이나 도덕적 해이의 위험이 존재한다.

한다는 시각은 바뀔 필요가 있다.

두 번째 창은 사회의 기대에 대한 순응compliance with societal expecta-tions 관점이다. 기업은 사회의 기대에 부응하는 존재이며 따라서 사회적 가치를 추구하는 것은 기업이 마땅히 해야 할 의무라고 주장하는 전통적인 CSR 관점이 여기에 근거한다. 기업과 사회를 별개로 분리하여 바라본 밀턴 프리드먼에 맞서, 프리먼(Freeman, 1984)은 기업은 반드시 사회를 고려해야 한다고 주장했다. 이후 CSR의 개념을 정교화한 캐럴(Carroll, 1991)은 기업의 역할을 경제적, 윤리적, 규범적, 자선적 단계로 나누어 설명하면서 기업의 자선적 활동에 대한 중요성을 강조하기도 했다.

하지만 이 관점에서는 기업의 사회적 가치추구 활동이 일회성 이벤트나 일방적 시혜활동에 그치기 쉽다. 또 사회의 기대와 이해관계자의 요구가 계속 변하는 '무빙 타깃moving target' 상황에서 일관성 있게 추진해 나가기 어렵다는 한계가 있다. 어제는 좋은 활동이라고 박수 받았던 일들이 오늘은 왜 그런 활동을 했냐며 비난받는 경우가 잦아지고 있다. 예컨대 김치를 담그고 연탄을 리어카에 실어서 소외계층에게 나누어 주는 활동을 할 경우, 예전에는 사람들의 반응이 좋았으나 최근에는 실제 수혜자의 삶을 구조적으로 개선해 주지 못하는 보여 주기에 불과한 활동이라고 비난받기도 한다. 일부에서는 환경에 대한 관심이 높아지고 화석연료를 지양해야 하는 상황에서 연탄이 웬 말이냐는 비판을 하기도 한다.

세 번째 창은 도구적·전략적 CSRinstrumental·strategic CSR 관점이

다. 기업의 사회적 가치추구 활동에 대한 첫 번째, 두 번째 관점이 나름의 한계를 다 드러내 버린 상황에서 새롭게 주목을 받은 아이디어가 바로 마이클 포터Michael Porter로 대표되는 공유가치 창출CSV: Creating Shared Value 개념을 포함한 도구적·전략적 CSR 접근방식이다. 이 관점에 따르면 비용-효익 분석에 근거한 적정 수준의 CSR 투자는 기업가치 향상 및 경쟁우위 제고에 도움이 된다. 특히 사회적으로 형성된 좋은 평판은 기업이 위기를 맞았을 때 일종의 보험 역할을 해준다고 설명한다.

하지만 이러한 접근으로 추진하는 경우 기업이 사회적 가치추구 활동에 나서는 진정성에 대한 의심을 받기 쉬우며, 오히려 큰 역풍을 맞을 수도 있다. 과거에는 기업이 치밀한 계산을 통해 마케팅 차원에서 하는 활동에 대해서 사람들이 진정성에 대한 의심 없이 받아들였다. 하지만 오늘날 기술이 발전하고 정보 접근성이 높아짐에 따라 소비자가 기업의 계산된 의도를 파악하고 이 내용을 다른 소비자들과 공유할 가능성이 크게 높아졌다. 최근 기업들이 환경에 대해서 강조하면서 실제로 재무적 이익에 도움이 되지 않는 일에는 적극적으로 행동하지 않는 것을 두고 그린워싱green washing이라고 비판하는 것도 진정성에 대한 사회 구성원들의 의심과 반감이 표출되는 사례라 할 수 있다.

네 번째 창인 기업시민corporate citizenship 관점은 앞서 말한 세 가지 관점의 한계를 해결할 수 있는 실마리를 가졌다. 매튼과 문(Matten & Moon, 2005)은 기업시민을 통해 사회문제 해결을 위해 적극적으

그림 5-1 — 기업의 사회를 위한 활동을 바라보는 4개의 창

주주 이익 극대화 (profit maximization)	**사회의 기대에 대한 순응** (compliance with societal expectations)
도구적/전략적 CSR (instrumental/strategic CSR)	**기업시민** (corporate citizenship)

로 행동하는 능동적 존재로서의 기업상을 제시하였다. 기업도 이제는 세금만 내는 수동적 존재에 그치기보다는, 일반 시민처럼 사회문제에 대한 무한한 책임과 권리를 가진 존재로 볼 수 있다는 것이다. 특히 공공 및 시민 섹터가 사회문제 해결에 한계를 보이는 상황에서, 많은 자원과 우수한 역량을 가진 기업이 보다 적극적인 역할을 수행할 필요가 있다. 루오 등(Luo et al., 2019)은 기업은 시장에서 경쟁하면서 축적한 노하우와 자원을 활용하여 효율적이고 저렴한 비용으로 사회문제 해결을 위한 솔루션을 제공할 수 있다는 점을 강조했다.

앞의 세 가지 관점과 비교할 때, 기업시민 관점은 기업과 사회의 관계를 바라보는 진일보한 시각이라고 할 수 있다. 이 창을 통해 바라보는 기업은 역량과 자원을 활용해 사회문제를 해결하는 능동적 문제 해결자problem solver라고 할 수 있다.

기업이 사회적 가치창출 활동을 추진하기 위해 기업시민이 되겠다고 선언했다면, 다음으로 생각해 봐야 할 것은 바로 어떤 기업시민의 모습을 추구할 것인가, 즉 바람직한 기업시민 상像이란 무엇인가의 문제이다.

이 문제와 관련하여 1976년 출판된 이청준 작가의 《당신들의 천국》이라는 소설은 우리에게 의미 있는 시사점을 제시한다. 이 소설은 한센병 환자들이 있는 소록도에서 벌어지는 병원장과 환자들 간의 갈등을 소재로 한다. 주인공 조 원장은 완벽함을 추구하는 인물로, 자신이 가진 권위와 능력을 이용하여 사람들을 압박하는 가부장적 리더십을 보여 현지 주민들의 반발을 산다. 그는 나름대로 한센병 환자들을 위해 노력했지만, 결국 그것은 '우리들의 천국'을 같이 만들어 가려는 것이 아닌 '당신들의 천국'을 내가 만들어 주겠다는 시혜적 리더의 모습에 불과했다. 이에 대해 직접적 수혜자인 나 환자들은 조 원장이 주장하는 천국을 거부한다.

기업이 사회적 가치를 추구할 때도 마찬가지다. 사회문제를 해결하기 위해 선의를 가지고 나섰지만 다른 이해관계자들의 의견을 무시하고 배제한 채 스스로 생각한 방향으로 혼자 앞장서 달리면서 다른 이들을 닦달하거나 무능력하고 무관심하다며 비난하고 있지는 않은가? 기업 혼자, 경영진 혼자 사회적 가치를 추구하면서 멋대로 달리면 소설 속 조 원장의 실패를 답습하게 될 가능성이 높다.

반면 마블Marvel의 히어로 영화로 유명한 〈어벤져스〉를 생각해 보자. 여기 나오는 영웅들은 다들 어딘가 불완전하고 문제도 있지만,

그림 5-2 ─ 어떤 기업시민을 추구할 것인가?

"나의 세상은 완벽해야 해!"
이청준 작가의 《당신들의 천국》이라는 소설의
등장인물인 조 원장은 완벽함을 추구하는 인물로,
권위와 능력을 이용하여 구성원들을 압박하는
가부장적 리더십으로 사람들의 반발을 산다.

"지구는 구했지만, 건물은 다 부서졌다 … ?"
영화 〈어벤져스〉에 나오는 영웅들은 불완전하지만, 진정성 있게
노력하는 인물들이다. 불안정하고 사고도 많이 치지만
공동의 목표를 향해 문제를 해결하며 성장하는 과정에서
사람들의 응원과 지지를 받게 된다.

서로 싸우는 가운데서도 동등한 위치에서 진정성 있게 공동의 목표를 향해 달려간다. 서로 간의 갈등을 극복하면서, 적극적으로 협력하여 함께 문제를 해결하며 성장하는 과정에서 많은 이의 응원과 지지를 받고 결국은 목표를 이루게 된다.

권위적인 기업시민과, 완벽하지는 않지만 진정성을 갖고 노력하는 기업시민. 이 두 가지 기업시민의 모습 중 오늘날의 기업시민은 어떤 방향을 지향해야 할까?

만약, 완벽하지는 않지만 진정성 있게 노력하는 기업시민의 모습을 추구한다면 그 기업들은 어떻게 성장하고 발전하는가? 또 지향하는 모습을 향해 잘 나아가는지 어떻게 평가하고 피드백할 수 있을까? '더 좋은 기업시민'을 평가하는 기준은 ISP 모델, 즉 Intention(의도), Solution(해법), Performance(성과)의 세 가지 축으로 설

그림 5-3 — 더 좋은 기업시민의 평가기준

1
INTENTION
누구의 어떤 문제를
해결했는가?

2
SOLUTION
어떻게 문제를
해결했는가?

3
PERFORMANCE
얼마나 잘
해결했는가?

실질(實質)   실행(實行)   실리(實利)

명할 수 있다.

첫째, Intention은 '누구의 어떤 문제를 해결하고자 했는가?'이다. 사회에는 다양한 이해관계자들이 존재하는데, 특히 기업을 둘러싼 이해관계자들은 정부, 지역사회, 고객, 주주, 임직원 등 다양하다. 따라서 이들과의 관계에서 기업이 추진하는 활동의 절차적·결과적 공정성을 확보하기 위해서는 이해관계자들 간 균형감 확보가 매우 중요하다.

기업이 관계를 맺게 되는 사회는 크게 3가지 기둥, 즉 Regulative Pillar(법규 준수), Normative Pillar(사회적 요구·기대 수용), Cognitive Pillar(임직원·주주·고객의 지지와 공감)의 영역으로 이루어져 있다. 기업이 지속 성장하고 생존하기 위해서는 각 기둥으로부터의 지원과 함께 정당성을 인정받아야 한다. 그렇지 못하면 기업이나 조직은 해당 영역으로부터 필요한 자원을 얻는 데 어려움을 겪을 수 있으며, 심한 경우에는 비난과 공격을 당하다가 와해될 수도 있다. 이때 각 기둥 간의 균형은 매우 중요하다. 기업들의 성장과정에 따라 기본적인 법규 준수는 당연히 해야 하지만, 사회적 요구·기대에 부응하거나 더 나아가 임직원, 주주, 고객의 지지와 공감을 얻으면서 사회적 가치창출 활동을 하기는 쉽지 않다. 하지만 기업시민의 성숙도가 높아질수록 세 가지 기둥의 균형을 확보해 나가면서 안정성을 높이는 발전 형태를 지향해야 할 것이다.

둘째, Solution은 '어떻게 문제를 해결했는가?'이다. 솔루션 평가에 대해서는 〈스탠퍼드 소셜 이노베이션 리뷰〉에 필즈Phills 교수가 기고한 "좋은 사회문제 해결 솔루션"이라는 글에서 해답의 실마리를 찾아볼 수 있다. 필즈 교수에 따르면 좋은 사회문제 솔루션은 효율성, 효과성, 공정성, 지속가능성 등을 가져야 하며, 이는 솔루션의 품질을 평가하는 유용한 프레임워크가 된다. 또 한 가지 중요하게 고려해야 할 이슈는 협력이다. 기업이 사회를 위한 활동을 사회와 함께 추진하는 과정에서 비영리조직, 정부 및 공공기관, 대학, 일반 대중은 물론 타 영리조직 등 다양한 파트너들과의 협업은 점점 중요해지고 있다.

특히 최근 주목받는 개념은 〈스탠퍼드 소셜 이노베이션 리뷰〉에 카니아Kania와 크레이머Kramer가 기고한 "컬렉티브 임팩트Collective Impact"이다. 어떤 기업이라고 하더라도 내부적으로 보유한 역량과 자원에는 한계가 있다. 기업시민을 지향하는 대부분의 기업들이 초기에는 단독 사업 또는 NGO 등을 통한 기부와 자선 위주의 단순 협력을 주로 하였다면, 컬렉티브 임팩트를 지향하는 기업들은 비즈니스 파트너들까지 참여하는 다양한 협업을 통해 문제를 보다 효율적·

효과적으로 지속가능하게 해결해 나가고 있다. 다양한 파트너들 중에서도 특히 비즈니스 파트너와의 협업은 사회적 가치의 내재화 및 건강한 비즈니스 생태계 구축에 큰 도움이 될 수 있다.

셋째, Performance는 '얼마나 잘 해결했는가?'이다. 기업시민 관점에서 추진된 활동이 바람직한 변화를 창출하기 위해서는 'Input(투입) → Activity(활동) → Output(결과) → Outcome(성과) → Impact(효과)'의 5단계로 이뤄지는 로직 모델·변화이론을 잘 이해하고 활용할 필요가 있다. 이를 회사가 대학생들과 협력하여 소외계층 학생들을 대상으로 진행하는 과외 자원봉사 지원 프로그램에 빗대어 살펴보자. Input은 회사가 대학생들의 자원봉사 시스템을 위해 자원을 얼마나 투입했는가를 말하며, Output은 회사의 투입으로 몇 명의 자원봉사자들이 몇 시간을 봉사활동에 사용하였는가에 초점을 둔다. 그리고 Outcome은 자원봉사자들의 과외활동으로 수혜자, 즉 소외계층 학생들의 성적 및 자신감, 자기효능감 등이 얼마나 향상되었는지를 지표로 하여 측정 및 평가해 볼 수 있다. 더 나아가 Impact는 이러한 교육을 받은 사회소외층 학생들이 실제로 얼마나 상급학교 진학 및 창·취업에 성공했고, 이로 인해 그 학생들과 그들 가족의 삶 자체가 얼마나 변화되었는지까지도 파악하는 것이다.

많은 국내 기업들의 경우 Input, Output 단계의 보고reporting에는 상당히 익숙해져 있다. 일부 선진적인 기업들의 경우 Outcome을 보고하는 경우도 점차 늘어나는데 이는 상당히 긍정적인 변화이다. 하지만 글로벌 기준에 비교했을 때 우리 기업들은 여전히 Outcome

과 Impact에 대한 관심이 적은 편이다. 앞으로 더 나은 기업시민이 되기 위해서는 이 부분에 대해 좀더 신경을 쓸 필요가 있다. 또 이것이 단순히 보고에 머무르지 않고 실제 기업활동 추진전략에 반영되어 자원배분의 변화 및 사업개선 노력으로 연결되어야 사람들에게 진정성 있게 다가갈 수 있다.

지속적으로 변화하는 경영환경에서 기업시민의 성과도 의도하거나 예상치 않은 방향으로 흘러갈 수 있다. 이 경우 가장 중요한 것은 기업의 진정성 있는 태도이다. 결국 진정성은 Regulative, Normative, Cognitive라는 3가지 기둥 간 균형을 통해 공정성을 확보하고, 좋은 솔루션을 도출하여 다양한 파트너와 협력을 통해 상생 기반으로 실행하며, 기업활동의 Outcome/Impact 수준까지 측정하여 보고하고 이를 실제 전략으로 연계 · 확장하는 진지함을 통해서 얻을 수 있을 것이다.

예컨대 기업시민을 경영이념으로 선언한 포스코는 2018년 기업시민 선포 후 공급망 리스크 관리, 기후변화 대응, 부산물 자원화 등의 활동이 증가하면서 시간이 흐름에 따라 Regulative, Normative, Cognitive 세 가지 기둥의 균형이 확보되어 가는 형태를 보이고 있다. 또 이노빌트, e-Autopos, 그린어블과 같은 고객사와의 브랜드 협업활동, ESG 공급망 관리 같은 비즈니스 파트너와의 깊이 있는 협업도 증가하고 있다. 그리고 Performance 측정에 있어서도 최근 Outcome 보고의 비중이 증가하는 등 더 나은 기업시민이 되고자 하는 진정성 있는 노력을 보여 주고 있다.

최근 COVID-19로 인해 일상이 무너지고, 다양한 사회문제가 발생하고 있다. 특히 이는 회복력이 약한 소외계층 또는 의료 인프라가 부족한 개도국 주민에게 더 치명적인 경우가 많다. 이런 상황에서 사회문제 해결 솔루션을 전파하는 기업시민, 사회문제를 예방하여 모두의 건강을 지켜 주는 백신 역할을 하는 기업시민들이 많이 나타나길 바란다.